U0573594

可以玩一年的

户外游戏大书

[英]克里斯·奥克雷德 著　　[英]伊娃·萨辛 绘

陈彦坤 马巍 译

电子工业出版社.

Publishing House of Electronics Industry

北京·BEIJING

是时候去野外了

你平时喜欢玩些什么呢？有没有特别喜欢的野外活动？没有吗？那么，现在是时候出发了，去野外冒险吧！搭帐篷，做木筏，玩个痛快。放下手机，合上笔记本电脑，关掉游戏机，走出家门，去野外尝试本书中介绍的游戏吧！即使生活在繁华的都市，你也可以选择在郊区或当地公园里享受愉快的"户外"时光。

翻开这本《可以玩一年的户外游戏大书》，了解成功进行一次野外探险需要准备的东西，在天空中和大地上探寻有趣的事物，追踪并研究各种有意思的小动物，还能掌握必要的求生技能。

野外安全

• 确保在野外探险时始终至少有一名成年人陪同。

• 着手实施本书介绍的任何活动之前，请先征求成年人的意见，特别是靠近水边或在水中开展的项目，以及在恶劣天气或黑暗环境中进行的探险活动。

爱护环境

在野外时，我们应当始终注意爱护环境。请谨记：

• 不得损伤树木，除非遇到真正紧急的情况；

• 特别注意野外用火安全，确保离开之前火已经彻底熄灭。

目录

野外探索　35

技能准备

在这一篇里，我们将学习成功进行一次野外探险需要的技能，包括打绳结、搭建庇护所、建造挡水墙等。

收拾行囊

探险家的装备

每一次令人印象深刻的成功探险都需要从明确的计划开始，其中就包括准备可能需要用到的所有探险装备。首先，你需要适合的服装和结实的鞋子。准备服装时需要考虑天气情况。如果天气炎热，你就需要准备凉爽的衣服和帽子；如果有雨或气温较低，那么你应该准备防水或保暖的外套、帽子和手套。

探险家的背包

应放入背包的物品清单如下。

手套

帽子

防水夹克

露宿袋
（带帽睡袋）

防水布（约2米见方）

温馨提示：
一个口袋多多的舒适背包会很有用哦！

刀具使用安全

完成本书介绍的部分项目时可能需要用到刀具。使用刀具时，请确保：

- 首先征得成年人的同意；
- 握紧刀把；
- 不得将刀刃朝向自己，使用时确保刀刃始终远离自己的身体；
- 不使用时，请折叠好刀具，并妥善存放；
- 向成年人咨询关于携带和使用刀具的法律法规。

刀具

高热量的应急食物，例如巧克力和坚果

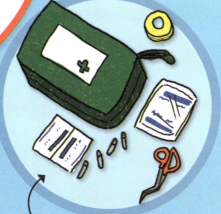

小型急救包（详见第 92 页）

一定长度的伞绳（结实的多用途绳）

塑料容器（用来装急救包）

移动电话（手机）

指南针

手表

地图

小型相机

防晒霜

带备用电池的手电筒

水壶

驱虫剂

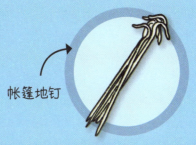

帐篷地钉

打绳结

探险家的必备技能

去野外之前，我们需要掌握一些基本的打绳结的技巧，因为这些技巧非常有用。无论搭建庇护所、制作工具还是造木筏，探险家都需要用到绳结。所以，现在就找几根短绳，开始练习吧！

酒瓶结（双套结）

酒瓶结可以用来将绳子固定在树枝或木桩上，而且很容易解开。此外，酒瓶结同样适用于捆绑两根树枝（请参见第13页）。酒瓶结有两种结法。

方法2：系在木桩上

1. 在绳子一端绕两个绳环。

2. 将两个绳环叠压在一起。

3. 将两个绳环套在木桩上并拉紧。

方法1：系在树枝上

1. 将绳子一端从上方绕树枝一圈，然后压在绳环上。

2. 将压在绳环上的这端再绕树枝一圈。

3. 继续将绳子这端从第二个绳环下面穿过。

4. 拉紧。

单套结

单套结可以用来将绳子拴在粗大的树干或冒险家的腰上。

1. 将绳子一端绕过树干，然后在主绳上绕个环。

2. 将绳子这端自下而上穿入绳环，并与主绳交叉。

3. 将绳子这端压住主绳再穿回绳环，拉紧即可。

旋圆双半结

这种绳结可以用来把绳子固定在树枝或树桩上，或者绑在树上用来泊船只。

1. 将绳子一端环绕树枝两次（即"旋圆"）。

2. 将绳子这端环绕主绳一圈，然后穿入绳环。

3. 拉紧绳子，形成一个"半结"。

4. 重复步骤 2 和 3，形成双"半结"。

你不能这样对待朋友！

8 字结

这种简单的绳结可以用来防止绳子从孔洞中滑脱。

1. 将绳子一端从后方环绕主绳，做成一个环，然后将这端绕到主绳上面。

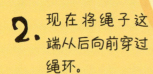

2. 现在将绳子这端从后向前穿过绳环。

3. 拉紧。

平结

平结可以用来连接两根相同粗细的绳子。请注意这种绳结受力后很容易松开。

1. 左右手各握住需要连接的两根绳子的一端。右手这端从上往下再往上绕左手这端一圈。

2. 将右手这端压在左手这端的上面，形成一个绳环。这时，左右手的绳端实际已经互换。

3. 将左手这端向下穿过绳环，拉紧。

你也不能这样对我！

三套结

三套结非常适合用来捆绑固定垂直交叉的两根树枝。

1. 将两根树枝相互垂直交叉，先用酒瓶结将绳子一端系在下面那根树枝上（请参见第10页）。

2. 将绳子上面这端从上面那根树枝的上方以及下面那根树枝的下方绕过，再回到上面那根树枝上方。

3. 将绳子从下面那根树枝的下方穿过，重复第2步，然后将绳子绕上面那根树枝一圈。

4. 将绳子如图所示环绕下面的树枝两圈，然后回到上面的树枝的下方。

5. 在上面的树枝上打一个酒瓶结，完成。

接绳结

接绳结适用于连接粗细不同的两根绳子。

1. 弯曲粗绳的末端，然后将细绳从中间穿过。

2. 将细绳从粗绳下方绕过来。

3. 将细绳向下从细绳与粗绳组成的绳环中穿过，拉紧。

注意隐蔽

搭建庇护所

　　防水布是一种防水材料。防潮垫、塑料布和建筑用帆布等都是防水布。防水布的用途非常广泛，是野外探险的必备品之一，特别是在搭建庇护所和制造木筏时非常有用。

搭一个简易防水布帐篷

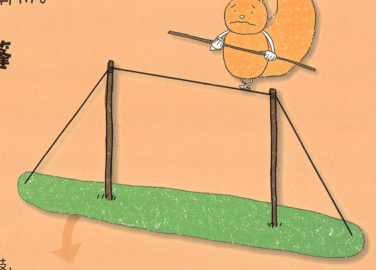

1. 找两根分别长约1米、一端带杈的树枝，将不带杈的一端插在地上，两根树枝相距约1.5米。再找一根足够长的树枝或木棍，横搭在杈上。

2. 利用两根直棍和伞绳也可以制作框架。将两根约1米长的直棍插在地上，中间相距约1.5米。将帐篷地钉或树枝插入土中，要与直棍排成一条直线。用酒瓶结（请参见第10页）将伞绳系在直棍上，再拴到帐篷地钉上或树枝上。

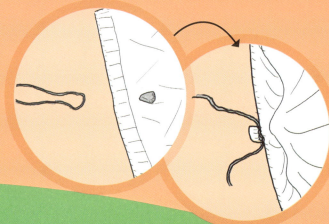

4. 拉紧并将短伞绳缠在已固定在地上的帐篷地钉上或树枝上。

3. 将防水布搭在框架上。如果防水布四角有扣眼，就分别绑一根短伞绳；如果没有扣眼，就向上卷起防水布的四个角，分别包裹一块石头，并用短伞绳捆绑固定。

搭一个屋顶形帐篷

相比两头漏风的简易防水布帐篷，屋顶形帐篷能够更好地遮风挡雨，但这种结构无疑会牺牲内部空间。

当心，熊出没！

1. 首先将两根约1米长的树枝交叉绑在一起，做一个A字形框架。

2. 找一根约2米长的直树枝，将其一端绑在A字形框架上。

3. 把防水布搭在框架上，用石块或木桩压住其边缘。

更多庇护所设计

除了前面介绍的，在野外时你也可以尝试搭建以下防水布庇护所。第一种结构适合小块儿防水布，第二种可以提供一个干燥的"卧榻"。

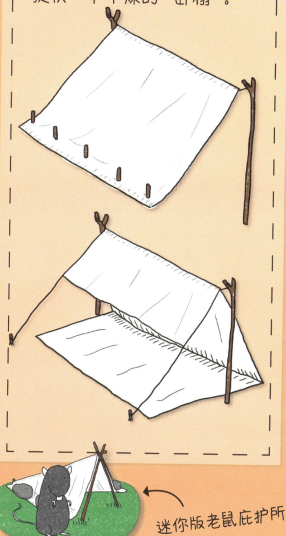

迷你版老鼠庇护所

漂流的乐趣

制作木筏

想象一下，正在探险途中的你遇到了一条很深的河或一个湖，挡住了去路。你别无选择，只能尝试自制一条木筏。以下简单的设计值得尝试。

漂流安全

必须在成年人的监护下才能使用筏子。进入深水区之前必须穿戴浮具（救生衣）。切勿在水流湍急的溪流或低温环境中尝试漂流。

塑料瓶筏

1. 收集大量的塑料瓶！你需要大约30个2升的塑料瓶才能做成这种筏子。选一块约1米见方的薄木板，在木板上整齐地摆放好瓶子。

2. 将木板摆满塑料瓶之后，用结实的防水胶带或者绳子缠绕塑料瓶和木板，确保塑料瓶与木板牢不可分。

3. 找一根棍子当作桨。把你的筏子放入水中，坐上去，然后开始划吧！

小心食人鱼！

甜甜圈筏

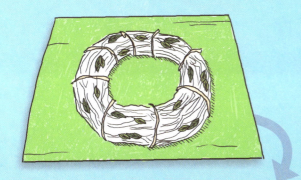

1. 展开一块约 2 米见方的防水布。收集一些带枝叶的树枝，放在防水布上，弯曲缠绕成甜甜圈的形状。用绳子松散地捆扎树枝。

2. 在"甜甜圈"底部铺搭一些树枝。卷起防水布边缘，用防水布包裹树枝，并将边缘塞到树枝下面，或用绳子捆绑好。

3. "甜甜圈"的中间位置应该留有足够容纳一名乘客的空间。你可以坐在甜甜圈中间，腿搭在边缘上，同时用木棍划水前进。注意不要划破防水布！

木筏

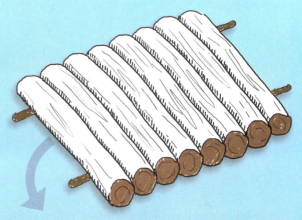

1. 找至少 6 根约 10 厘米粗、1.5 米长的圆木。这样的圆木可能很重，所以最好请一位成年人帮助你。

2. 找两根结实的木棍，相隔约 1 米的距离摆放在地上。把收集到的圆木并排摆放在木棍上。最后，在圆木上面再压两根木棍。

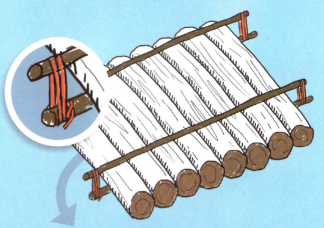

3. 用结实的绳子把上下相对的两根棍子的末端紧紧绑在一起。先用酒瓶结（请参见第 10 页）把绳索捆在一根木棍上，然后将绳索缠绕两根棍子数圈，再用酒瓶结系紧绳索的另一端。

巧过河

如何避开水中隐藏的危险

在人烟稀少的野外，可能不是随处都有桥方便我们穿越溪流或河流，所以探险家需要具备安全渡河的技能。当然啦，如果水很浅，过河可能只会弄湿你的双脚。

渡河安全

只能选窄且浅（或者水只到脚踝深）的溪流练习过河的技能，并且需要成年人的监护。切勿尝试穿越任何超过膝盖深、水流湍急或非常宽的溪流或河流，因为水流的冲击力可能超过你的想象，贸然尝试很可能发生危险。

如果遇到了水流湍急的溪流或河流，或者表面看起来平静的（实际可能暗流涌动的）弯道，甚至瀑布和漂浮着树干等障碍物的水面，千万不要直接蹚过去。

如何蹚过溪流？

1. 如果必须徒步穿越溪流，最好拿一根手杖或者木棍来帮助你保持平衡。穿越溪流时，面向上游，侧身移动，而且每次只移动一只脚，等站稳后再移动另一只脚。

2. 如果多人同时穿越溪流，大家可以围成一个圈儿，以尽量确保每个人移动时都有两个人可以依赖。每次只能有一个人移动。

3. 不过，同时过河的人也可以排成一列，全都面向上游。最靠近上游的人用一根棍子保持平衡，站在后面的人扶着前一个人的肩膀。所有人协调一致，同时缓慢地侧向移动。

水流

这样移动

如何逃离流沙陷阱？

在河岸或海滩探险时，你可能会遇到流沙。想要逃离流沙陷阱，请牢记以下原则和方法。如果掉进了泥沼，这些技巧也同样有助于你脱困。

1. 最重要的一点就是保持冷静！不要挣扎！保持不动，你就不会继续下沉。扔掉背包和一切可以扔掉的物品，尽可能减轻重量。

2. 如果只有膝盖以下陷入流沙，那就坐下来；如果流沙超过了膝盖，就向后倾斜身体，尽可能让体重在沙地上均匀分布（类似趴在冰面上的道理）。

3. 现在，努力将腿拔出来。注意，拔腿的动作要非常缓慢，而且要非常小心。然后，慢慢地爬到安全地带，匍匐前进，以便分散体重。

挡水墙

建造水坝

建造一座拦截溪流的水坝，将水汇集起来形成小水塘，以方便抓鱼，或者在水塘里划船消暑，真是个不错的主意！不过，首先你应该获得建造水坝的许可，并且记得一定要在离开前拆除水坝。

石坝

1. 建造的石坝需要基部宽，顶部窄，两侧有坡度。将大石块并排摆放在一起，形成 40 厘米到 50 厘米宽的基部。

2. 然后往上添加更多石块，形成越来越窄的一堵墙。

4. 在迎着水流的坡面堆放碎石或沙子，让它们随水流填补缝隙。现在，石坝已经完工，等待水在大坝后方聚积。

3. 不过，现在的石坝并不合格，因为水会继续从石缝中流过。所以，现在你需要用小石子来尽可能地填补缝隙。水流可以帮助你为小石子选择适合的位置。

5. 记住，回家之前一定要拆掉你的石坝哦！

木坝

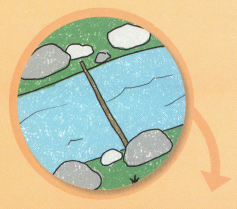

选择大坝的位置

只有在浅而窄的溪流中才能建造这种简易大坝,千万不要选水流湍急或水深的溪流。一两米宽、河床平坦、河岸较高的溪流,是最理想的建坝地点。

1. 找一根足够长的树枝,将其像桥一样横搭在溪流两岸。将树枝两端用沙土掩埋,或用石头压住,防止树枝移动。

3. 添加小树枝,填补树枝之间的空隙。

2. 寻找适合插在长树枝和河床之间的树枝。插放的时候要倾斜一些,让这些树枝的上端超过长树枝。尽量插得密一点。

4. 最后,用树叶遮盖树枝,堵住剩余的缝隙。

5. 等待水在木坝后方聚积。记得在回家之前拆掉木坝哦!

哎哟!好沉!

21

野外标记

传递信息

在野外，你可能遇到各种意外情况，例如手机没信号了，或者电池电量耗尽了，又或者迷路了。无须担心，其实有很多方法可以帮助你向同伴传递信息。

指示方向

你可以在地上留下标记，用来记录你的行进路线，或者告诉同伴你的去向。

用小石头摆成箭头

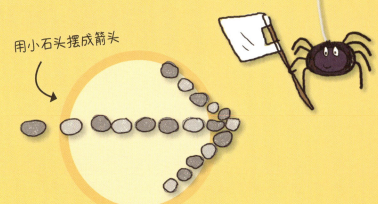

交叉树枝形成路标

用树枝摆成箭头

用手头有的粉状物撒出箭头

呃，走哪边呢？

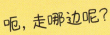

粉状物撒出的点

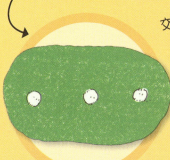

交叉的树枝表示"此路不通"

22

莫尔斯电码

莫尔斯电码可以方便地向看不到你（选择吹哨）或听不到你（选择闪烁的手电筒光束）的同伴发送信息。

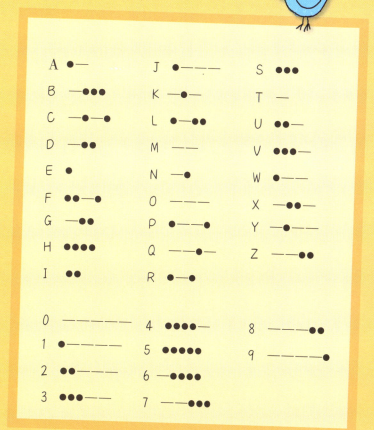

1. 查看莫尔斯电码表（在背包里放一张可以让你有备无患），试着发送一条简单的紧急信息。使用莫尔斯电码也可以发出 SOS 求救信号：三次短闪光，短暂间隔，接着三次长闪光，短暂间隔，最后是三次短闪光。

2. 只要你和你的同伴都能够读懂莫尔斯电码，你们就可以用莫尔斯电码发送任意信息。

旗语

如果不小心弄丢了哨子和手电筒，你还可以使用以下类似莫尔斯电码的方式来发送信息！

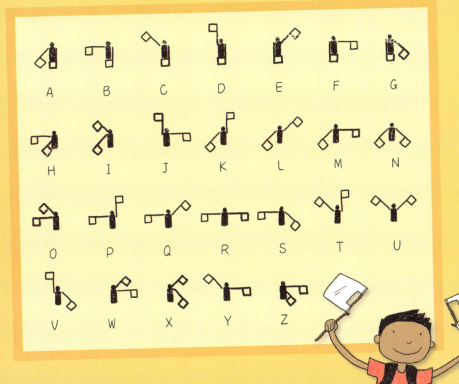

1. 你需要两面旗子。如果没有旗子，你可以找一根树枝，在末端绑上塑料袋，或者就用一端带叶子的树枝来充当旗子。

2. 仔细阅读并记住左侧的旗语信号表，然后尝试发送信息。信息要简短，否则你的胳膊很快就会发酸哦！

悬带和夹板

探险家的急救装备

在野外探险时，偶尔的磕碰或刮擦可能无法避免。所以，野外探险家需要随身携带一个急救包。紧急情况下，探险家可能需要面对更严重的伤势，如骨折或割伤。你可以与同伴一起练习下列急救技能，以备不时之需。

急救安全

掌握急救技能十分有必要，但最好是在专家的指导下进行正规的急救训练。如果真的遇到了事故，你应该尽快寻求成年人的帮助。除非明确了解你的行为以及结果，否则请勿尝试实施急救措施，因为贸然实施急救有时非但无法提供帮助，反而可能导致更糟糕的后果。

制作悬带

悬带可以用来保护骨折的手臂或受伤的肩膀。

1. 展开一大块三角巾，把其中一个角夹在伤员受伤的手臂下面，把另一个角搭在不受伤的手臂一侧的肩膀上，将此时背后的两个角打结，系紧。

2. 将三角巾的底角向上掀起并超过受伤手臂这侧的肩部，将这个角与背后的两个角打结。

3. 整理三角巾，包裹肘部，并用安全别针固定。

制作夹板

以下是制作紧急夹板和应对腿部骨折的方法。

伙伴就要共患难!

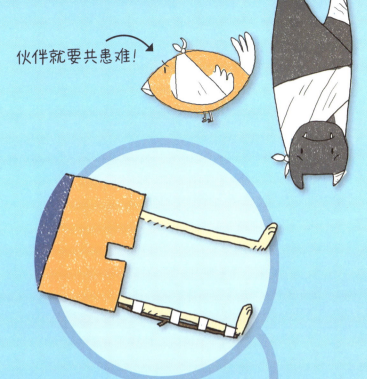

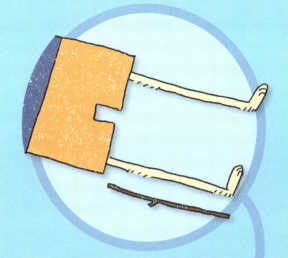

1. 让伤员平躺在地上,将他的腿放平。寻找一根长度与伤员腿部差不多的粗壮树枝。把树枝贴着腿部平行放置。

2. 用三到四段绷带轻轻缠绕腿部和树枝,把它们捆绑固定在一起,以防止腿部移动导致二次伤害,然后等待救援。

用防水胶布固定伤口

医用防水胶布的用途很广泛,是重要的野外探险工具之一。医用防水胶布甚至可以代替绷带,用来制作悬带和捆绑夹板,或者粘合大的伤口。

贴了医用防水胶布的伤口

1. 用大量干净的水清洗伤口,然后仔细擦干伤口周围的皮肤。

我可怜的蹄子啊!

2. 剪下或撕下约 10 厘米长的一段医用防水胶布,垂直于伤口粘贴胶布,同时用手指轻轻挤压伤口以帮助合拢。

25

炭药

篝火不仅可以为寒夜带来温暖，没有彻底燃烧殆尽的树枝还可以提供木炭（并非灰烬），帮助探险家应对胃部不适，减缓中毒症状。

1. 确保篝火已经彻底熄灭。捡一根烧过的树枝，用另一根树枝刮下其表面的黑色木炭，放在容器里或树皮上。

2. 如果遇到胃部很难受的时候，你可以就着大量的水吞下木炭，但不要服用过多，大约一勺就足够了。你知道吗？木炭也可以用来过滤水中的杂质。

防晒泥

探险家应该随时在背包中放一瓶防晒霜，以防严重晒伤。不过，即使防晒霜不巧用光了，也无须担心，因为野外也有防晒霜的替代品——泥巴！很多动物都喜欢在泥地里打滚，其中一个重要的目的就是为自己涂抹一层厚厚的"防晒霜"。

寻找干净的稠泥浆。如果没有现成的泥浆，你也可以用黏土自制泥浆。普通泥土的效果可能不尽如人意。

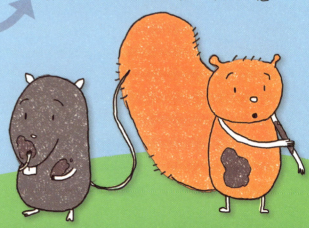

蛆虫疗法

或许这种疗法听起来很吓人，而且很不卫生。不过，蛆虫可以帮助清理坏死的组织，防止伤口感染，是野外探险家的一种应急方法。非常不建议尝试这种方法来治疗普通的擦伤，因为蛆虫疗法仅适合紧急处理未清理干净（化脓）的深伤口，而且需要成年人的监护。

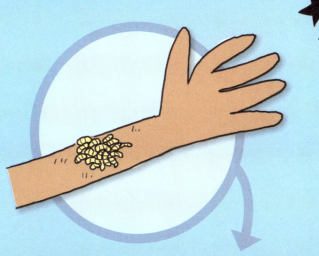

1. 让伤口在空气中暴露一整天，以便苍蝇有机会在伤口中产卵。呃，真恶心！

2. 覆盖伤口。每天检查，或许你能够直接看到蛆虫。呃，实在是太恶心了！

3. 等到伤口看起来很干净了（没有任何脓液或污垢），这时用清水冲走蛆虫，然后用干净的布包扎伤口。

制作紧急担架

如果同伴意外受伤而无法自行移动，你将需要一副担架把他抬到安全的地方。

1. 找两根粗壮结实的树枝，每根约 2 米长。树枝应该尽可能直，但不能太重。

2. 将两件大衣的袖子往上拉，把木棍穿入袖子。

不要总想着让熊来帮你抬担架！

我来带路！

野外休憩小游戏

在树林中飞奔，跨越小溪，建造庇护所、木筏和水坝，这些很有意思，但它们不是野外探险的全部内容。有时候，探险家也需要停下来休息，玩一会儿游戏，享受乐趣。

打水漂

打出最远、最漂亮的水漂，让你的朋友们刮目相看。

1. 最好选约 10 厘米宽、1 厘米厚的平整石片。

3. 侧身站在岸边，屈膝弯腰，让手尽可能与水面平行。胳膊肘向后屈，保持石片水平。然后向前挥动手臂，把石片甩出去的同时，拇指和食指配合拨动石片，让它旋转着飞出。

2. 正确地握住石片：用食指从后方托住石片，拇指在上、其他手指在下夹住石片。这样的握法适合发力。

4. 石片应该低空飞过水面，在距离你数米远的地方触碰水面，不断弹起，好像不断掠过水面的鸟。

我也来试一试！

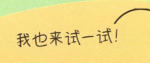

自制风筝

1. 要制作风筝框架，你需要两根约 50 厘米长的细直木棍。你可以请成年人帮忙用刀劈开一根竹竿，以获得合适的材料。

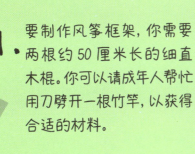

2. 用刀在两根细棍的末端约 1 厘米处分别切一个凹槽。注意安全。

5. 用细绳依次在框架的四端打结，利用凹槽来避免绳子滑脱。尽量拉紧每一截细绳。现在，找一个大的塑料袋，剪开铺平，将框架放在塑料袋上。

3. 将两根细棍交叉绑在一起，形成一个十字架。交叉点位于其中一根木棍的中点和另一根木棍距离中点约 10 厘米的位置。

6. 沿框架裁剪塑料袋，在框架外留大约 3 厘米的边缘，然后向内折叠边缘，并用胶带固定。

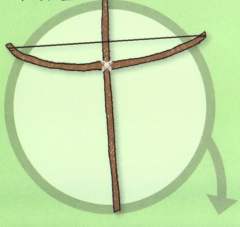

4. 拿一根细绳，一端系在横棍一侧的凹槽位置，拉紧细绳，并将另一端绑到横棍另一侧的凹槽中。这时，横棍略微弯曲。

7. 把一根短细绳的两头分别系在框架的交叉位置和竖棍长的那端，作为风筝的系绳。

8. 将风筝线的一端绑在系绳的三分之一处——靠近框架的交叉点。现在，你可以去放风筝了！

制作弓和箭

谁能利用野外现成的树枝做出最好的弓和箭呢？请一位成年人帮助你，并在你进行射箭练习时在一旁监护。

1. 找一根约2米长的柔韧木棍作为弓身（不要用已经干燥的木棍，因为这种木棍很容易断裂）。清理木棍上所有的枝杈，用刀小心削平木棍表面的凸起（毛刺）。

2. 小心地在木棍两端分别切一个V形槽。V形槽的尖部应该指向弓身的中心。

3. 剪一条长约1米的绳子。使用旋圆双半结（请参见第11页）把绳子的一端系在弓身其中一端的V形槽中。

4. 将已经系好的这端放在地上，借助身体的重量压弓身，使弓身略微弯曲（请求成年人帮助完成这个步骤）。拉紧绳子，在弓身朝上这端的V形槽中同样打一个旋圆双半结。

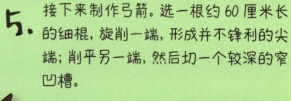

5. 接下来制作弓箭。选一根约60厘米长的细棍，旋削一端，形成并不锋利的尖端；削平另一端，然后切一个较深的窄凹槽。

不得用弓箭射击任何
无辜的动物!

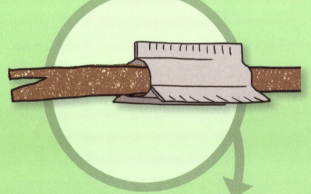

6. 剪三段防水胶布,贴在钝端,做成箭羽。
注意粘贴平整。修剪防水胶布。

8. 将弓身竖立,右手向后拉拽弓弦,直到箭尖
接近弓身。放箭!

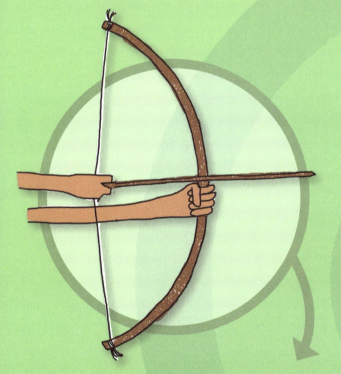

7. 弓箭制作完成了,检验你的成果吧!用左
手握弓,把弓弦卡入箭末端的凹槽中,用
左手大拇指托着箭的前端。用右手的两
个手指拉拽弓弦。箭夹在两根手指中间。

9. 你可以用纸做一面靶子。

你知道吗？

☆ 绳结经常是根据它的用途来命名的。例如，单套结曾用来将帆角系在船头，因此也称帆角索；平结曾用来收起船帆（减少帆的面积），所以也称为缩帆结。

☆ 1947 年，挪威探险家托尔·海尔达尔率领船员在 101 天内航行了约 8000 千米，完成了横跨太平洋的壮举。当时，他们乘坐的就是用软木树干制成的木筏，名叫"太阳神号"。

☆ 2008 年，两名水手乘坐用塑料汽水瓶制成的筏子"垃圾号"，从美国加利福尼亚州出发，一直划到了夏威夷群岛。水手们希望以此呼吁全世界关注海洋污染，特别是其中漂浮的数以百万个废弃的塑料瓶。

你真应该像我一样穿上救生衣！

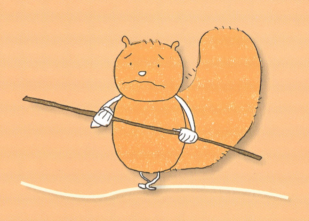

☆ 如果没有桥，你又不想涉水过河，那么走钢丝怎么样？杰伊·科克伦曾沿 600 多米长的钢索从约 400 米的高空横跨中国长江。

☆ 你或许认为流沙不可能将人整个淹没，因为人体会浮起来。但是，被困在流沙里会让你寸步难行，所以流沙很危险，特别是可能会被上涨的潮水淹没的海滩流沙。

☆ 河狸是自然界出色的大坝建造师，它们可以用石头、泥土和树枝在溪流中筑坝，自己制造深潭。迄今为止发现的河狸建造的最大大坝，长达 850 米，位于加拿大。人们通过卫星照片发现了这座"天然"大坝。

打扰一下，你知道你正躺在沙滩上吗？

☆ 美国人萨缪尔·莫尔斯发明了莫尔斯电码，用于通过电流或电磁波传递信息。莫尔斯电码使用长短电（或者光或声）脉冲组合表示字母。1884 年，第一条使用莫尔斯电码发出的信息是"上帝创造了何等奇迹"。

☆ 泰坦尼克号沉没前发送了最早使用莫尔斯电码的求救信息之一。

☆ 旗语是法国夏普兄弟在 18 世纪末发明的信息传递方法，可以借助建于法国各地山顶塔楼上的巨大机械臂，在法国军队之间高效地传递消息。

☆ 打水漂也有正规比赛。苏格兰每年都会举行世界打水漂锦标赛。目前打水漂的最高纪录是 91 次弹跳，这一纪录是一个日本人在 2016 年创造的，但因为只是个人练习，所以他对吉尼斯纪录的申请并没有通过。

☆ 最适合制作弓身的木材当属紫杉木。所以，如果你想要自制一把良弓，尽量寻找紫杉木吧！

☆ 现代的弓大多使用的是复合材料。复合材料是指由不同性质的材料组合优化而成的新材料，例如木材和碳纤维。

☆ 用弓射出的箭最远可以飞多远？答案是 1222 米。创造纪录的这支箭于 1987 年在美国射出，来自一把叫作"唐·布朗"的弓。

我觉得这块石头太沉了。

第一届动物打水漂锦标赛

现在，你已经掌握了去野外探险的基本技能。
放下手机，合上笔记本电脑，关掉游戏机，
走出家门，去户外撒撒野吧！

野外探索

在这一篇里，我们将进行野外大探索：
发现地面上和天空中值得关注的景象，
在浓雾中探寻道路，从岩石中发现化石，
预测雨势……

跟着指针走

使用指南针

指南针是最重要的野外探索工具之一。借助指南针可以帮助我们确定方向。如果没有指南针，我们可能会迷路！

电子指南针

定向指南针

纽扣式转盘指南针

迷路了……

指南针的刻度和度数

指南针可以显示四个主要的方位：北（N）、东（E）、南（S）、西（W）。指针的红色端总是指向北方。定向指南针可以通过度数提供更为精确的方向指示。

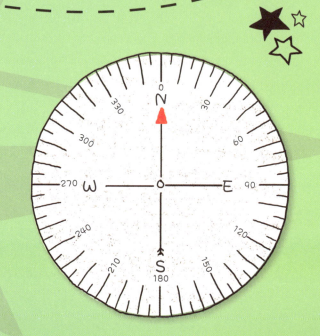

指南针
使用说明

1. 使用纽扣式转盘指南针：将指南针平放在手掌上，手掌放在胸前，等待转盘稳定下来。N 箭头将指向北方。如果向北走，你只需要转动身体，与 N 箭头的方向一致。现在，大胆地朝前走吧！

2. 如果选择其他的方向，你则需要转动身体，直到确定好你想去的方向。

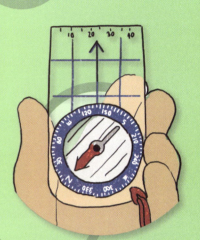

3. 使用定向指南针：转动刻度盘，直到基座上的红色箭头指向你要去的方向。然后，保持指南针水平，转动身体，直到指针与箭头对齐。现在，朝前走吧。

自制指南针

即使指南针不慎丢失也无须担心，你可以利用缝衣针和磁铁快速制作一个简易指南针。

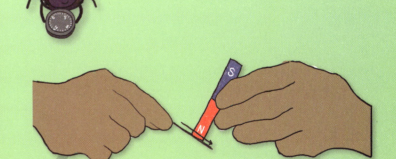

1. 找一根针，贴紧条形磁铁的北极（标有字母 N，且通常为红色的一端），朝着针尖方向单向摩擦约 20 次，让针产生磁性。

2. 在盛有水的容器或水洼表面放上一片干树叶，然后把针放到树叶上。

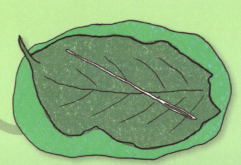

3. 树叶将缓慢转动，而针尖最终将指向北方。

巧用太阳光

没有指南针时如何辨别方向

如果身处野外，但手边没有指南针，怎么办？不必担心，没有指南针并不意味着束手无策。计算太阳的位置，或者在周围环境中寻找线索，你同样可以找到方向。

利用阴影辨别方向

在阳光明媚的白天，只用一根木棍就能找到北！

1. 寻找或制作一根约 1.2 米长的木棍，一端插到地上，尽可能确保木棍垂直于地面。把一块石头放在木棍影子的末端作为标记。

2. 等待至少 15 分钟，然后把另一块石头放在此时树枝影子的末端作为标记。用另一根木棍沿两块石头指示的方向摆放。这根木棍的两端就分别指向东和西。在北半球，垂直于木棍且远离阴影的方向为北；在南半球，北是朝向阴影的方向。

北

借助手表确定方向

要使用这种方法，首先你需要一块指针式手表，而非数显手表。

1. 如果身处北半球，你需要将手表平放，让手表的时针指向太阳。现在想象手表表盘的数字 12 与时针之间有一条线。这条线由表盘中心出发，正处于时针与数字 12 形成的夹角的中间，这条线则指向南，而相反的方向就是北。

2. 如果你在南半球，则需将表盘的数字 12 对准太阳，数字 12 与时针（必须指示的是当地时间）的夹角平分线对应的方向就是北。

在自然界中寻找线索

就算没有指南针，也没戴手表，你也大可不必惊慌，因为自然界中有很多线索，可以帮助你辨别方向。

1. 在北半球，树木和墙壁北侧通常可以发现更厚更绿的苔藓层，因为苔藓属于喜阴植物，喜欢日照更少的环境。南半球的情况则正好相反。

这截枯树长满苔藓的一面就是北。

2. 在北半球的冬季，墙壁和山丘南侧（阳面）的雪融化得更快，所以积雪更多的一侧就是北。南半球的情况则相反。

救命啊！我正在融化！

符号和比例尺

学习阅读地图

地图可以提供大量的信息，帮助你了解周围的环境。例如，地图标示了公路和道路、河流、山丘和山谷、森林以及建筑物等。因此，出发之前，掌握一些地图使用技巧很有必要。

注意地图上的符号

要学习使用地图，你需要先准备一张地图，例如你所在地区的地图。

3. 试着在地图上进行一些测量。在地图上找两个地点（例如你家和学校，或者你家和火车站）。将一张纸的边缘贴紧两个点，并在纸上标记两个点的位置。

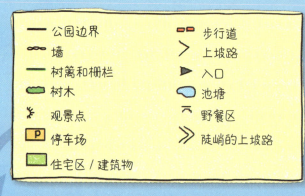

符号	含义	符号	含义
——	公园边界		步行道
	墙	➢	上坡路
—	树篱和栅栏	▶	入口
	树木		池塘
	观景点		野餐区
P	停车场	≫	陡峭的上坡路
	住宅区 / 建筑物		

1. 首先找到地图的图例。图例解释了地图中所有符号代表的意义。

比例尺 1: 25000

2. 查看地图上的比例尺。比例尺表示地图上的距离与实际距离的比。例如，一张城镇地图上的1厘米可能相当于实际距离的100米，即比例尺为1: 10000。上面这个比例尺表示地图上的1厘米相当于实际距离的250米。

比例尺 1: 25000

4. 现在用直尺测量两点之间的距离：一个点对准"0"刻度线，然后读出另一个点对应的数值，最后根据比例尺算出两地之间的实际距离。

确定地图的方向

要确定地图的方向，你需要展开地图，与地面平行，寻找地图上与实际对应的标志性景观。你可以通过目测来完成这个过程。

1. 站在视野开阔的地方，例如山顶，然后在地图上找到你所在的地点。

2. 在地图上找出一处地标，例如一幢高大的建筑物、一条河流或道路，试着找出对应的实际景观。平展地图，调整方向，匹配景观所在的实际方位。

3. 大多数地图都遵循上北下南的方向规律，所以使用指南针也可以确定地图的方向。平展地图，把指南针放在地图上，然后水平转动地图，直到指针指向地图的正上方。

重要提示：指南针红色端的实际指向并不总是与地理上的"真"北完全重合，在地球上部分地区两者之间甚至存在明显的偏差。

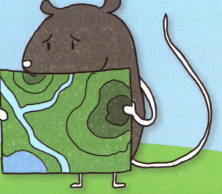

雾天的乐趣和夜间行进

在浓雾和黑夜中探索

雾是一种再正常不过的天气现象，昼夜交替更是每天都在发生的自然规律（两极地区例外）。所以，野外探索时经常会遇到光线不足无法看清楚地标的情况，很多人也因此会在自以为没有走错路的情况下迷路，甚至莫名其妙地在原地兜圈子！

遇到浓雾的安全提示

去野外探索必须至少有一名成年人陪同，特别是遇到大雾天气的时候或天黑之后。

在浓雾中寻路

如何避免在浓雾中原地兜圈子？请勿在不熟悉或危险的地域中练习这项技能，例如陡坡或山谷。其实，你也可以选择在晴朗的天气进行练习！

1. 确定好前进的方向，然后设置指南针，面朝要去的方向。让一位朋友走在前面，你在后面发出指令："向左"或"向右"，确保他前进的方向正确。在你的朋友即将消失在浓雾中时喊"停"。

2. 现在，追上你的朋友。重复上述步骤，这样就能保证你们始终沿直线前进。

3. 晚上，你也可以使用手电筒与朋友进行同样的练习。

搜寻地标

如果因为浓雾或黑暗迷了路，你可以在周围的环境中搜索，试着找到一处地标。

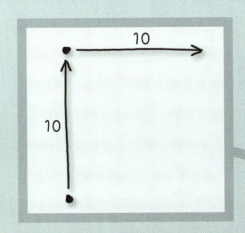

1. 首先试着展开"螺旋式"搜索，这时你需要一个指南针。先向北走 10 整步（左右脚各完成一次跨步），然后向右转，即向东走 10 整步。

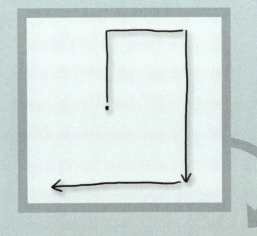

2. 再向右转，即向南走 20 整步。再次右转，即向西走 20 整步。

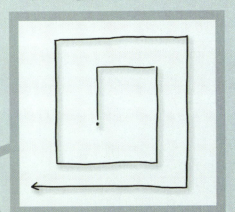

3. 重复步骤 1 和 2。每完成两次转弯，就增加 10 整步，也就是向北 30 整步，向东 30 整步，向南 40 整步，向西 40 整步，以此类推。

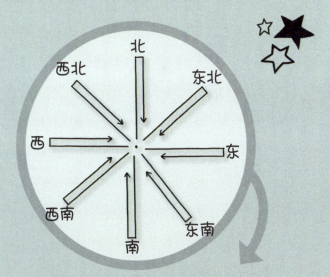

4. 现在尝试辐射式搜索。以某种方式标记你的当前位置，可以在地面上放一根棍子，或者摆一小堆石头。以标记为起点，向北走 20 整步，转身向南走（即往回走），直到发现此前做的标记。接下来朝东北方向，然后向东，以此类推。

绘制地图

它可能需要一座更高的山……

如何描绘野外环境

数百年前，勇敢探索世界的先行者们没有地图，因此他们只能一边探索，一边绘制地图。你也可以尝试绘制地图，记录你正在探索的地方——可以是你所在的城市，或者家附近的一个公园！

测量你走了多远

要绘制地图，你需要测量两个地标之间的距离。有一种很简单的距离测量方法，那就是记录步数——数一数你从一个地方走到另一个地方需要多少步。

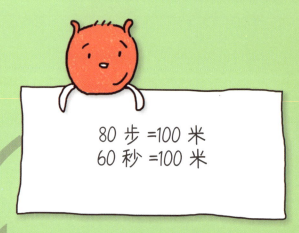

80 步 =100 米
60 秒 =100 米

1. 首先测量你的步幅。沿着一条直路量出 50 米的距离（用卷尺或绳子测量，每隔 1 米做一个标记）。以正常步行速度走完 50 米，数一数需要的整步数，同时记录走完 50 米需要的时间。

2. 把得到的步数和时间分别乘以 2，就可以计算出走完 100 米需要的步数以及时间。把计算结果写在一张纸上。这些数字就是测量距离的单位。

在地上绘制地图

利用树枝和树叶绘制一张露营地或当地公园的地图,练习你的地图绘制技能。

2. 现在沿一条直线走向另一处地标,例如建筑物或瀑布,边走边记录步数。用前面你记录的数据,计算出步行的距离。

1. 清理出一块用来绘制地图的空地。选择一处地标作为地图的中心,例如你的露营地,用树枝摆一个简单的造型来表示。

湖泊

河流

林地

露营地

小路

用树枝、树叶和绳子制作的地图

3. 为你的地图选一个比例尺。你可以设定地图上的1米等于实际的100米。然后,在地图中标记其他地标,注意这些地标相对于出发点的距离和方向要准确。

从山顶绘制地图

如果能够获得好的视角,例如站在山顶上,你也可以制作一张描绘周围景观的地图。

在一张纸的中央位置标记小山,然后估算小山与其他地标的距离。设定地图的比例尺,在方向正确和距离适当的位置添加其他地标。最后,标注比例尺,标示方向。

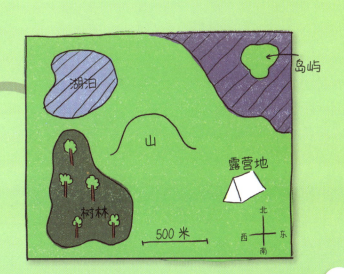

湖泊

岛屿

山

树林

露营地

500 米

北
西 东
南

寻找宝藏

地理寻宝

你可以使用 GPS 接收器来玩"藏宝—寻宝"游戏。GPS 接收器能够精确指示你当前所处的位置，还能引导你寻找地标。"藏宝—寻宝"游戏是学习和练习 GPS 使用技能的好方法。

什么是 GPS ？

GPS 是"全球定位系统"的缩写。GPS 接收器可以接收卫星信号，计算使用者当前所处位置的经纬度。有些接收器专门用于导航，但现在大多数手机也配置了导航功能。

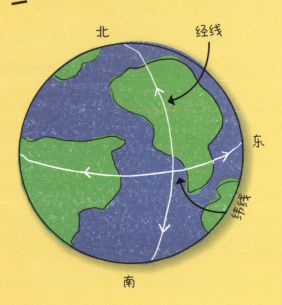

我们在地球上的位置都可以表示为纬度（表示在地球上的南北位置）和经度（表示在地球上的东西位置）的组合。在地图上，纬线指示东西方向，经线指示南北方向。

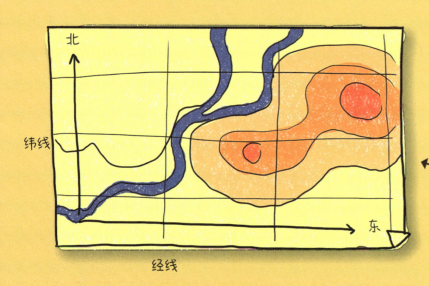

藏宝—寻宝

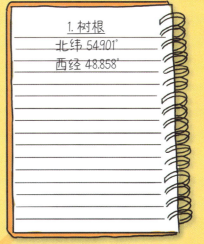

1. 树根
北纬 54.901°
西经 48.858°

1. 打开你的 GPS 设备 (可以请成年人帮助)。寻找适合的地点来藏宝,例如藏在大树的树根旁边。把宝藏放在塑料盒里,以避免损坏。这是第一个藏宝地点。描述一下这个地点的特征,记录经纬度 (读取 GPS 接收器的数据)。

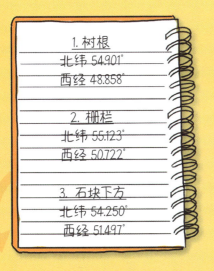

1. 树根
北纬 54.901°
西经 48.858°

2. 栅栏
北纬 55.123°
西经 50.722°

3. 石块下方
北纬 54.250°
西经 51.497°

在 GPS 接收器中添加导航点

新导航点

001

北纬 54.901°
西经 48.858°

删除　　　地图

出发

2. 为其他宝藏继续寻找藏宝地点。为所有藏宝地点添加描述线索,并记录经纬度。

3. 把记录藏宝地点的清单交给你的朋友。他们必须在 GPS 接收器中输入藏宝地点的经纬度,即需要创建并命名导航点。

下一个转弯
石块下方

距离转弯的时间　到达下一个转弯的距离
00:01:57　　　　80 米

GPS 接收器显示了前往一个导航点的方法

5. 跟随 GPS 接收器屏幕上的箭头指示,你就可以到达导航点。

6. 确保在一天结束之前找到所有宝藏。

4. 现在,你的朋友们可以跟随接收器的引导前往藏宝地点,找出你埋藏的宝藏。

岩石宝库和贝壳家族

认识岩石、矿物、化石和贝壳

岩石是野外探索家亲密的朋友，因为他们总是攀爬巨石、搬动石头、从石坡滑下或者被石头绊倒！既然如此，为什么不在背包里准备一个放大镜，仔细观察眼前的石块，更深入地认识这些朋友呢？如果足够幸运，你或许有机会发现一些神奇的岩石和矿物。

辨别不同类别的岩石

岩石分类

岩石主要分为三类：

- 火成岩，由熔化的岩石冷却凝固而成；
- 沉积岩，由泥沙等物质层层挤压而成；
- 变质岩，是火成岩或沉积岩因为高温高压变质后的产物。

花岗岩中带晶体，属于火成岩

1. 如果你能在岩石中看到明显的晶体，那么这块岩石很可能是火成岩。不过，你可能需要用放大镜才能看到晶体。火成岩通常密度较大，因此比较重。

片麻岩中有彩色条纹，属于变质岩

2. 如果岩石中有贯穿的条带状纹理，类似压扁、熔化并轻微混合在一起的晶体，那么这块岩石可能是变质岩。变质岩同样十分坚硬。

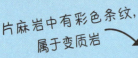

砂岩上有分层，属于沉积岩

3. 如果岩石摸起来有粗糙的沙砾感，这块岩石可能是沉积岩。沉积岩通常质地较软，容易碎裂。

4. 沉积岩层中或许还能看到折叠和扭曲的分层。

认识常见的石头

哈哈！你已经成为化石了！

玄武岩

石灰岩

大理石

砾岩

片岩

认识常见的矿物

观察一块火成岩，例如花岗岩，你可以看到不同的矿物晶体。

花岗岩中的矿物：长石（粉红色）、石英（白色）、黑云母（黑色）

适合观察岩石和矿物的地点

山丘、河岸和海岸线都是发现和观察裸露岩石的最佳地点。而听起来石块很多的地点，例如陡峭的悬崖、矿场或采石场并非了解岩石和矿物的好选择。

逃离熔岩

火山也非常适合观察岩石。但是，万一遇到火山爆发，你应该怎么做？

1. 火山喷出的熔岩呼啸而来！试着预测它们可能坠落的地点，然后避开这些危险的东西。

2. 通常，人类奔跑的速度可以超过熔岩流动的速度。不要想着爬树或躲进建筑物，因为熔岩能够直接摧毁遇到的一切！

快跑啊！熔岩来了！

火山安全

千万不要在没有专家或向导陪同的情况下冒险攀爬火山。

寻找贝壳

提到贝壳，很多人的第一反应就是海滩，因为贝壳大多是海洋生物脱落的保护壳。海滩上通常可以见到很多不同的贝壳，甚至贝壳化石。

尽可能多地收集不同类型的贝壳，然后与常见的贝壳进行比较。

竹蛏壳

鸟蛤壳

蛾螺壳

贻贝壳

笠贝壳

搜寻化石

化石是石化或保存在岩石中的远古植物或动物的遗骸。借助化石，我们才有机会见到生活在数百万年前的动植物！

化石的形成

化石大多发现于沉积岩中，是埋藏于沉积物层中的动物和植物遗骸在数百万年历史中缓慢石化的结果。

1. 在暴露的沉积岩层中有可能发现化石，特别是滨海地区的沉积岩，以及石灰石和页岩等建筑石材中。仔细观察此类岩石。如果有条件，可以将岩石分层，并观察每一层的表面。

菊石（鹦鹉螺化石）

海百合

鲨鱼牙齿

蕨类植物

腕足动物

咚！

2. 在溪流中冲洗掉附着在化石上的泥土，回家后进一步清洗并晾干，然后为化石添加标签，记录发现化石的时间和地点。

旷野的天空

探秘天气

野外的天空总是很广阔，野外的天气也总是那么热烈而直接！所以，在野外探索时，你最好注意天空的风云变幻，学着认识和预测天气。

哎呀，不好，我的伞！

观云识天气

抬头看看天，你能看到什么样的云？这些云通常预示着未来的天气。

层云

层积云

卷云
卷积云

积云
高积云

积雨云

雨层云

哇，快看！像臭鼬的云！

预知风云变幻

有些云的出现通常预示着降水即将到来。例如，如果晴朗的蓝天出现了卷云，则表明降雨锋面正在接近，也就是说数小时内雨水就会落下。

制作雨量计

雨量计是测量降雨量的仪器。

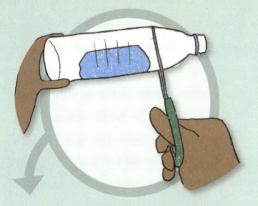

1. 找一个容量为2升的塑料瓶，剪掉塑料瓶的瓶口。

2. 在塑料瓶底部放几块石头，以防止瓶子翻倒。向瓶中加水，直到水面刚刚淹没瓶底。用记号笔标记水位。将剪下来的瓶口倒插入瓶中。

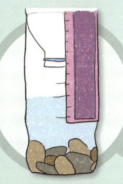

3. 把自制雨量计放在户外，以便收集雨水。在每天相同的时间，测量相比前一天的水位变化，并记录结果。

天气线索

盛行风表示在一个地区某一时段内出现频次最多的风或风向。树木可以指示盛行风的方向。

观察山上的树木，注意树枝是否弯曲，以及弯曲的方向，这可以帮助你判断风向。也可以用指南针来确定风向。

注意躲避

躲避恶劣天气

有些极端天气，例如强风和雷电，可能是致命的。因此，在野外探索时，了解一些躲避恶劣天气的方法至关重要。

哎呀!

预测雷电天气

1. 在野外探索时，不能总顾着低头赶路。你必须时不时抬头关注天空的风云变幻，因为这或许能够救你的命! 如果看到顶部为铁砧形状的云层 (请参见右图)，你应该知道，一场暴风雨可能就要到来。

积雨云通常预示着电闪雷鸣

2. 通过计算看到闪电和听到雷声之间的时间 (秒)，你可以计算出暴风雨离你还有多远。

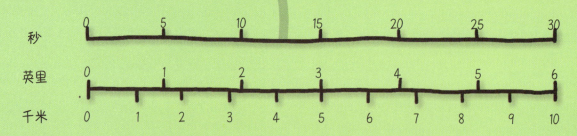

秒	0	5	10	15	20	25	30
英里	0	1	2	3	4	5	6
千米	0 1 2 3 4 5 6 7 8 9 10

测量闪电和雷鸣之间的时间差，用手指沿上方刻度滑动，然后找到下方对应的刻度，就能知道暴风雨与你之间的距离。

在野外躲避闪电的方法

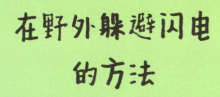

暴风雨就要来了，你需要及时躲避……

躲避闪电的正确和错误方式

1. 如果可能，请进入室内或车内。在野外时，千万不要躲在树下或伞下，因为它们很容易吸引闪电。

在山中躲避闪电的最佳地点

2. 闪电经常会击中山顶，所以你需要尽快离开山顶。而且，不要靠近悬崖和山洞，因为闪电可能顺着潮湿的悬崖向下移动。同时，尽可能远离空旷的区域。

3. 如果你身处空旷的野外，躲避闪电的最好办法是把背包放在地上，坐或蹲在背包上，让脚和手离开地面。

和星星相约

观察夜空

没有了灯火的干扰，野外的夜空看起来更加璀璨。如果有一个双筒望远镜，你能够看到更多的星星。

寻找星座

星座是星星在夜空中组成的图形。

1. 在北半球的夜空，你应该能够找到下列星座，不过有些星座只会在每年特定的日子和夜晚的特定时刻出现。

飞马座，可以找到由四颗星星（有一颗位于仙女座）组成的大四边形。

北斗七星，看起来像一个巨大的勺子（属于大熊座）。

仙后座，看起来如同巨大的字母"M"或"W"。

猎户座，就像一个手持盾牌和武器的猎人。

2. 在南半球的夜空，你应该能够找到下列星座，不过有些星座同样只在每年特定的日子和夜晚的特定时刻出现。

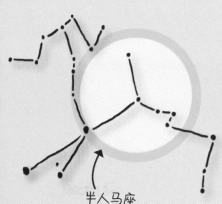

半人马座

南十字座

长蛇座

3. 南半球的夜空还有两团肉眼可见的明亮的"云雾"，这是称为"大麦哲伦云"和"小麦哲伦云"的两个伴星系。

寻找银河系

银河系是我们所在的星系，因如同横跨天空的巨大星河而得名。只有周围光线非常昏暗时，银河系才会"现身"，因此在野外更容易观察到。银河系包括几千亿颗恒星。

寻找北极星或南十字座

这些星星可以帮助你在夜晚辨别方向，因为这些星星总是指向北方或南方。

北极星

1. 在北半球的夜空，先寻找北斗七星。然后沿斗口两颗星星所在的延长线，寻找一颗明亮的星星。这就是北极星，也称为北辰或紫微星。

2. 在南半球的夜空，找到南十字座。南十字座旁边还有两颗明亮的星星。想象这两颗星星连线中点的垂直线，与南十字座最亮两颗星连线的延长线相交于一个点，这个点所在的方位就是南方。

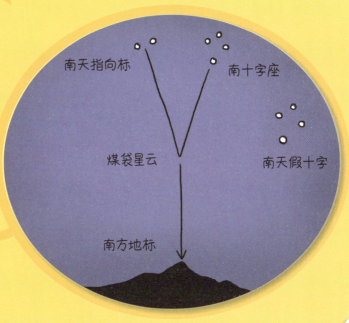

南天指向标

南十字座

煤袋星云

南天假十字

南方地标

月亮，你好吗

月球是夜空中最醒目的天体，有些特征肉眼可见，不过我们借助双筒望远镜能够看到更多细节。选一个晴朗的夜晚仔细观察月球。

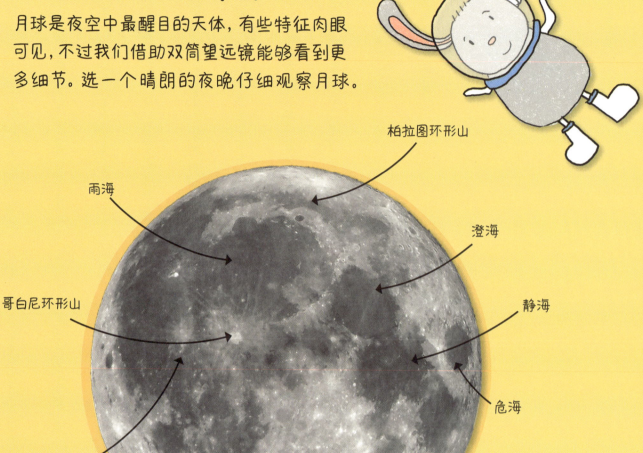

柏拉图环形山

雨海

澄海

哥白尼环形山

静海

危海

风暴洋

第谷环形山

1. 要观察月球，最好靠在椅背上或仰卧，以保持头部不动。注意月球表面明亮和黑暗的区域，黑暗区域被称为海，因为最早的天文学家们相信黑暗的区域充满了水，类似地球上的湖或海。你能认出不同的月海或月洋吗？甚至，你有可能看到第谷环形山周围的尘埃辐射纹。

2. 借助双筒望远镜，你能看到数十座环形山，你可以在月球地图上辨认这些环形山。沿月球表面的明暗界线，观察环形山的细节。如果条件允许的话，你可以使用三脚架固定双筒望远镜，以方便长时间观察。

明暗界线

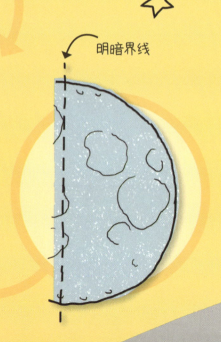

记录月相变化

你注意过月亮形状随日期发生的变化吗？试着记录月相的变化，发现其中的规律。

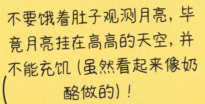

1. 找一张白纸，用圆规画一排大小相等的圆圈。每晚观察月亮，并依次在圆圈中记录月亮的形状。设置闹钟，尽量在每天晚上的同一时间观测月相。如果某天看不到月亮，就在圆圈内画个"X"。

2. 连续观测一段时间后，你应该能够发现，月亮的形状（发亮的部分）一直在规律地变化：从弓形到满月，然后再次变小，循环往复。

不要饿着肚子观测月亮，毕竟月亮挂在高高的天空，并不能充饥（虽然看起来像奶酪做的）！

通过月亮辨识方向

你知道吗？在晚上，你也可以借助月亮辨别方向！在月圆的时候，使用手表，用时针对准月亮（代替太阳），你也可以辨别北或南。

你知道吗?

☆ 1804 年，美国探险家梅里韦瑟·刘易斯和威廉·克拉克率领探险队完成了首次穿越北美洲的旅程——旅程耗费了两年多的时间，行程达 11200 千米。

☆ 指南针实际指向的是地磁北极，而在过去的二十年里，地磁北极一直在以每年约 55 千米的速度缓慢移动。目前，地磁北极位于加拿大北部。

☆ 在世界的有些地方，地下的磁石会干扰指南针，所以指针并不总是指向地磁北极。

☆ 天然磁石是一种含有大量铁且具有磁性的岩石。最早的指南针其实就是拴在细绳一端的一块天然磁石，利用磁石总是旋转至某个方向的特性来指示方向。

☆ GPS 和其他电子导航系统发明于 20 世纪 60 年代。在此之前，海上航行的水手只能通过测量太阳和星星的位置来判断方向和位置。

☆ 第一张世界地图上没有标注北美洲、南美洲、大洋洲或南极洲，因为当时绘制地图的人根本不知道这些大陆的存在。

你看懂了吗?

目前没有任何一张海盗藏宝图被证明是真的！用一个大大的"X"在地图上标记埋藏宝藏的位置，这种做法可能最早出现在罗伯特·路易斯·史蒂文森1883年撰写的小说《金银岛》中。

2000年，戴夫·乌尔默在美国掀起了地理寻宝游戏热潮。现在，全球埋藏了超过百万份地理宝藏，其中大多数都在美国。

美国军方在20世纪60年代开发了最早的GPS系统。起初，GPS系统属于最高军事机密，但现在已经成为大众产品。不过，军用GPS接收器的测量精度更高，可以提供精准到30厘米的位置信息。

地球形成于45亿年前，而迄今在地球上发现的最古老的化石是澳大利亚出土的微生物化石，其历史可以追溯到35亿年前。

地球上最古老的岩石位于西澳大利亚，已经存在了44亿年，形成于1.5亿岁的地球"少年期"。

1977年，刚果民主共和国尼拉贡戈火山爆发，涌出了流动速度达每小时60千米的熔岩。

借助高倍望远镜，我们可以在月球表面找到约30000个环形山，但此外仍有成千上万的环形山因为太小而无法辨识。月球上最大的环形山是巴伊环形山，宽度达300多千米。

现在，你已经成功进行了一次野外大探索，
发现了很多有趣而值得关注的事物，
学到了若干新知识，锻炼了各项能力。
接下来，像个小侦探一样，
来玩一玩野外追踪游戏吧！

野外追踪

翻开这一篇，你将学习到追踪循迹、秘密观察野生动物，以及发现和研究各类奇特爬行痕迹的技能。

这是谁的脚印

动物追踪技巧

　　要在野外观察动物，首先你要能够找到它们。换句话说，你需要具备辨认识别不同野生动物痕迹的能力。追踪技能可以帮助你寻找野生动物留下的脚印、爪印或蹄印以及其他痕迹，进而循迹追踪，发现这些痕迹的主人。

寻找踪迹

赤狐的足迹

1. 泥泞的小路、河岸和海滩最容易留下动物的痕迹，是练习追踪技巧的最佳地点。在地面潮湿以及太阳更接近地平线的清晨或傍晚时分，痕迹通常更清晰。你可以缓慢行进，仔细观察地面。

兔子的足迹

2. 试着比对你的发现与本页提到的这些脚印，寻找踪迹的主人。看看你能否认出一些常见的动物。

鹿留在泥地上的足迹

猫的足迹

北美灰松鼠的足迹

鹿的足迹

狗的足迹

黑熊的足迹

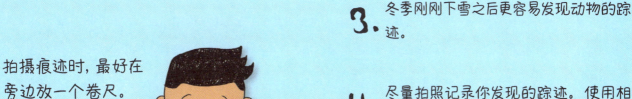

3. 冬季刚刚下雪之后更容易发现动物的踪迹。

4. 尽量拍照记录你发现的踪迹。使用相机的微距拍摄功能，选择能够最清晰辨识踪迹的距离和角度拍摄照片。

5. 如果发现了成串的足迹，你可以循着踪迹前进，看看最终是否能够到达某只动物的窝。

拍摄痕迹时，最好在旁边放一个卷尺。

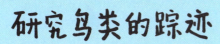

老鼠侦探

研究鸟类的踪迹

在沙滩和泥泞的河岸通常能发现更多的禽类的足印。不过，注意不要陷入河岸的淤泥中。

鸡的足迹

鸽子的足迹

乌鸫的足迹

鸭子的足迹

鹰的足迹

乌鸦的足迹

麻雀的足迹

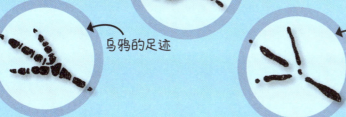

在退潮的海滩以及水位下降的河岸寻找足迹，然后用你的发现比对本页提到的足迹，试着找出留下这些足迹的禽类。

制作模型

如果有兴趣，你还可以制作动物足迹的立体模型。不过，你首先需要购买一些熟石膏。

1. 用一个硬纸板绕着足迹插入土中（就像大卷胶带的内芯）。

2. 按照包装上的说明，用水混合少量熟石膏，小心地将石膏浆倒入纸筒。

3. 放置约15分钟，等待石膏浆凝固，然后把纸筒连带足印下方的一层土壤和石膏一起小心地挖出。

4. 把纸筒带回家，再放置数小时等待石膏彻底变硬。拆掉纸筒，清理石膏上附着的泥土。

5. 给制成的模型贴上标签，记录发现痕迹的时间和地点，以及推定是哪种动物留下的足迹。

借过！借过！
狐狸来了！

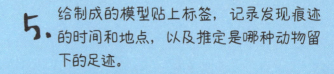

其他可追踪的踪迹

除了脚印，动物们还会留下其他踪迹。

在寻找足迹的同时，你还需要注意被啃咬过的食物和掉落的毛发。

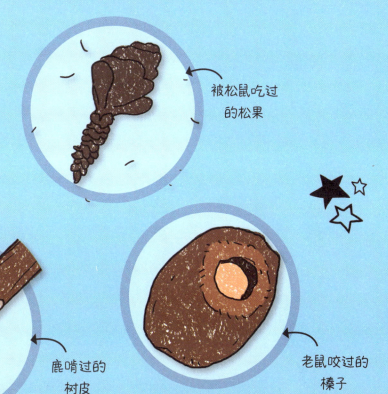

被松鼠吃过的松果

鹿啃过的树皮

老鼠咬过的榛子

便便线索

动物留在地上的便便也可以提供线索，帮助辨识它们的主人。

留意地上的便便，比对你的发现与本页提到的这些踪迹。不过不要用手触碰任何便便哦！

鹿的便便

狐狸的便便

兔子的便便

呃，踩到便便了！

一起玩追踪游戏吧

留下踪迹与进行追踪

你可以试着在野外为朋友们留下一些踪迹，让他们来追踪你。你也可以悄悄接近他们，玩一些抓逃游戏。这些活动能够有效地帮助你锻炼追踪能力。

游戏设置

1. 与你的伙伴们分成两组——逃跑者和追踪者。逃跑者首先出发，边走边留下线索，比如可以在经过的每个路口或每次拐弯时留下指示方向的标记。木棍、石块、树叶或粉状物都可以用来留下线索。

2. 追踪者需等待数分钟后出发，试着寻找并跟随线索前进。追踪者能够抓住逃跑者吗？

可以帮助追踪的标志示例

直走

不是这条路

转弯

回到原点

68

抓捕游戏

在这个游戏中，你（负责抓捕）试图悄悄接近一位朋友（被抓捕者）。你的朋友手里有一把水枪，他听到动静时可以攻击你。这个游戏能够帮助你练习野外隐蔽行动的本领。被抓捕者则需要时刻保持警惕，仔细聆听任何风吹草动。

1. 选出一个人作为被抓捕者，他必须站在特定的地方，手持一把"弹药"充足的水枪，并蒙上眼睛。抓捕者要离被抓捕者至少 50 米远。所有人都准备好之后，抓捕者尝试悄悄接近被抓捕者，在被听到和被击中前"抓住"（触摸）对方。

2. 听到任何风吹草动时，被抓捕者都可以用水枪发动攻击，瞄准声音传来的方向，努力"击中"抓捕者。

唉！这个家伙根本没搞明白怎么玩儿！

在野外隐蔽

伪装自己

追踪小动物或观察鸟类时，最好不要让动物或鸟类发现你，否则它们可能会因为紧张而跑开或飞走。如果做好迷彩伪装，你就可以轻松躲入树丛，与周围环境融为一体，甚至你的朋友都不一定能发现你！

脸部迷彩伪装

2. 将伪装材料涂在脸上，如果可以的话，你可以对着镜子"化妆"——用斑驳的颜色图案打破面部轮廓。

3. 紧急情况下，你也可以使用泥或从烧焦的树枝上刮下的木炭涂抹和伪装面部。

1. 你可以用深色系（例如绿色、棕色和黑色）的面部油彩来做迷彩伪装，或者混合护肤液、玉米淀粉和可食用色素来制作独有的面部伪装材料。先在护肤液中慢慢滴加色素搅拌混合，然后加入玉米淀粉让混合液变稠。

迷彩服

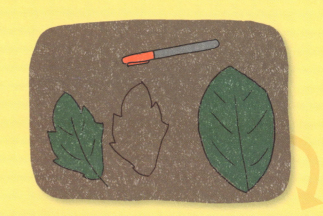

1. 在树林或公园中收集一些大的叶子，这些叶子可以是刚掉落的，也可以是采摘的新鲜树叶。注意不要太多，也不要伤害树木。

2. 找一块绿色或棕色的布，铺在桌子上。把树叶放在布上，用记号笔沿树叶边缘勾勒。勾出差不多 30 片叶子就够了，然后从布上剪下这些"树叶"。

3. 将剪下的"树叶"用织物胶水粘在深棕色或深绿色的 T 恤上，尽量密密地贴满整件衣服。

迷彩帽

找一顶深色的棒球帽或毛线帽，收集一些带叶子的小树枝，将它们用胶带或安全别针固定或直接插在帽子上。

迷彩臭鼬！

71

寻找和观察飞行动物

建造观鸟屋

通过建造观鸟屋和人工巢箱，你或许有机会接近野外的鸟类，从而近距离观察它们，也许还能认识此前从未见过的鸟类。

啊，我只想有个家！

搭建观鸟屋

可以在林地或湖岸边搭建观鸟屋，因为那里通常生活着很多鸟。

2. 找一些足够长的树枝，斜着靠在横木上，形成一个斜坡。在斜坡的中央位置留一个窗口，以方便观察。坐在斜坡后面观察鸟类，你也可以离得远一点儿借助望远镜更清楚地观察鸟类。

1. 找4根约1.5米长的木棍，两两一组，分别将两根木棍的一端绑在一起，做成两个约1米高的A字形木架。将木架分隔一段距离放置，找一根足够长的木棍横着搭在两个架子上，然后将横木与木架捆绑固定。

咕咕、咕咕！

制作巢箱

巢箱可能吸引寻找筑巢地点的小鸟。

让我瞧瞧谁住在这儿……

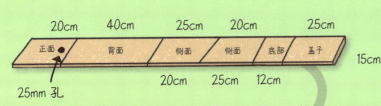

25mm 孔

1. 在一块宽约 15 厘米、厚约 1.5 厘米的木板上，切割出上图中标注的不同部件。

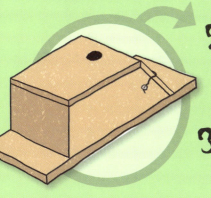

2. 粘合或者用其他方式将各部件组装起来，暂时不要装盖子。

3. 在盖子内侧粘一小块木头，防止盖子滑落。同时在巢箱两侧和盖子上各拧上一颗小螺丝，用一根细绳依次系在三颗螺丝上，以帮助固定盖子。

4. 请一位成年人帮你把巢箱挂在树上，巢箱至少离地两米高。

寻找蝙蝠

傍晚，蝙蝠离开巢穴出来寻找食物，这时是寻找蝙蝠的好时机。蝙蝠最容易在林地与河边等昆虫密集的地方出没。不过最好请一位成年人陪同前往。

站在原地，抬头看天并仔细聆听：低空翩然飞行、发出吱吱尖叫声的小黑影可能就是蝙蝠。

两种常见蝙蝠

伏翼蝙蝠（英国）

棕色鼠耳蝠（美国）

嗨，你好！

捞网行动

探索池塘和溪流

　　探索当地的池塘或溪流，你也可以发现很多生物。这些生物栖息在池塘底部或河床的淤泥中、水中以及水面上，而你只需要一张最简单的捞网就能找到它们。

水边安全提示

不得在没有成年人陪同的情况下独自前往水边探索。千万不要在池塘边与河岸上玩，当心滑倒落水。

探索池塘

1. 首先在贴近池塘或溪流水面的空中寻找蜻蜓、蚊子和其他飞虫，然后搜寻生活在水面上的动物，例如鼓虫和水黾。

2. 现在把捞网探入水中，慢慢移动然后向上提起。查看网中的动物。在水中不同的深度尝试。

水面上及水边的常见动物

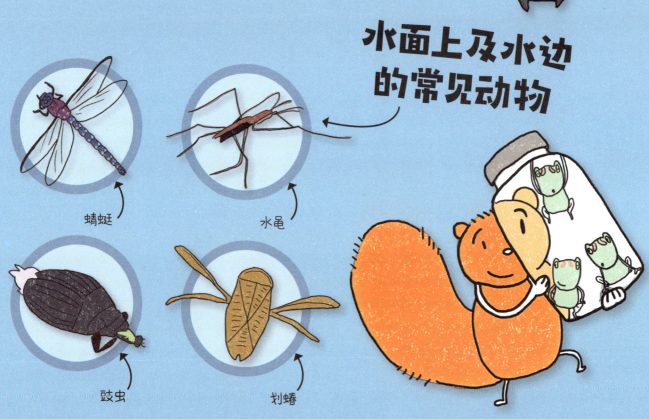

蜻蜓

水黾

鼓虫

划蝽

3. 将捕获的动物放入干净的玻璃罐或塑料瓶中，然后加入部分池塘里的水，用放大镜观察。回家之前要将这些动物全部倒回池塘里哦。

池塘中的常见水生动物↘

田螺

淡水虾类

蜉蝣幼虫

池塘里居然有这么多动物！

棘鱼

蝾螈

寻找小蝌蚪

试着观察青蛙卵孵化为蝌蚪的过程。

2. 卵开始孵化为蝌蚪之后，可以在水中加少量鱼食。

3. 数周后，在蝌蚪长出后腿之后，把它们放回池塘吧。

1. 在春季（或夏季）收集蛙卵，找一个干净的玻璃罐，浸入池塘里，收集少量的青蛙卵。回到家后，在罐底放几块石头。

好多好多的虫子

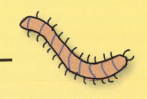

搜寻和捕捉爬虫

野外生活着数不清的爬虫，数以百万计！这些生物可能不像大型动物和鸟类那样显眼。不过，如果了解爬虫的习性，你就能找到它们。然后，你可以试着捕捉和饲养其中一些虫子。

为爬虫准备大餐

在野外，摆放一些美味的食物，这可能会吸引一些虫子前来。

1. 用香蕉泥和糖做成黏稠的混合物，用一根木棍挑一些混合物，放在室外的灌木丛中或石块下面。第二天再来观察被吸引过来的动物。或者，你也可以用手电筒在晚上查看。

2. 如果想更仔细地观察一只爬虫，你可以小心地把它装入一个容器内，然后借助放大镜仔细观察。

常见爬虫

你曾经见过这些虫子吗？

蜗牛

鼻涕虫

土鳖虫

步行虫

盲蜘蛛

我知道我不是蜗牛，但我能和你做朋友吗？

腐朽的树干是虫子的乐园！很多虫子以腐烂的木材，以及栖息在腐木中的虫子、腐木中生长出的植物为食。

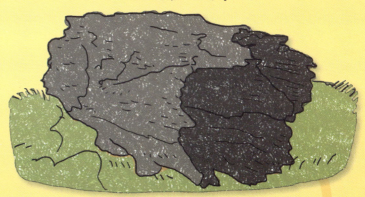

安全须知

当心，全球各地可能都生活着咬人或有毒的虫子。要实施本页描述的项目，你可以请求成年人的帮助，以防在倒伏的树干下面隐藏着危险。

可能在腐木中发现的虫子

1. 首先，寻找腐木或倒伏的树干（常见于树林中）。检查倒伏树干的顶部和侧面，剥离干枯腐朽的树皮或木片，查看腐木里的情况。使用放大镜观察发现的虫子。

2. 掀开枯叶和细枝，看看树干下面的情况，但查看之后一定记得恢复原状哦。

蚂蚁

千足虫

蜘蛛

蜗牛

甲虫幼虫

制作捕虫陷阱

尝试设置简单的陷阱，捕捉夜间出来觅食的虫子。

1. 带一个干净的大罐子到你的捕虫地点（树林或后院）。挖一个能够容纳罐子的坑，让罐口与地面差不多齐平。

2. 在罐中放一小块奶酪来吸引虫子，在罐子周围的地面上放3块小石头，然后用一块扁平的石头、石板或旧瓦片遮盖罐口，但不要完全盖住，留下可供虫子进入罐子的缝隙。

3. 把捕虫陷阱留在外面一夜，然后查看成果——抓到了哪些虫子？

陷阱可能捕到的虫子

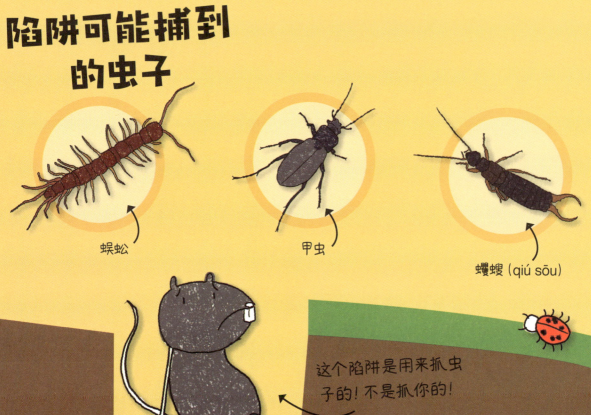

蜈蚣

甲虫

蠼螋 (qiú sōu)

这个陷阱是用来抓虫子的！不是抓你的！

虫子旅馆

阅读下文，你可以学习如何为虫子建造一座豪华的旅馆！没错，让虫子居住的地方。

能让小鸟也住这儿吗？

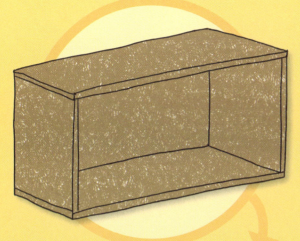

1. 找一个长约 50 厘米、宽约 30 厘米的废弃木制抽屉或木箱。

2. 加入裁切为适合尺寸的硬纸板，把盒子间隔成若干部分。折一些短竹枝或树枝，采集大把的树叶，并找一些石块和塑料瓶。

3. 将收集到的所有材料放入"隔间"，让虫子旅馆的所有"房间"都变得更舒适。

4. 把完工的虫子旅馆放在户外，每天检查一遍，记录入住的"旅客"。

属于家庭的欢乐假期！

爬来爬去的蠕虫

制作饲虫箱

土壤中住着很多蠕虫！你可以捕捉一些蠕虫，放入亲手制作的饲虫箱（蠕虫的家）中，然后观察这些生物在土壤中的生活状况。

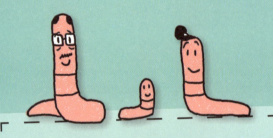

关于蚯蚓

- 蚯蚓蠕动着身体在土壤中钻来钻去，寻找腐烂的树叶和其他植物作为食物。

- 蚯蚓可以分解土壤，增加土壤中的空气含量，帮助植物生长。

- 自然界中生活着大约 6000 种蚯蚓。

- 蚯蚓雌雄同体，也就是说每只蚯蚓既是雄性也是雌性。

制作饲虫箱

请一位成年人帮助你完成这个项目。

30cm

30cm

1. 你需要两块约 30 厘米见方的硬质透明板子（亚克力塑料或有机玻璃）。

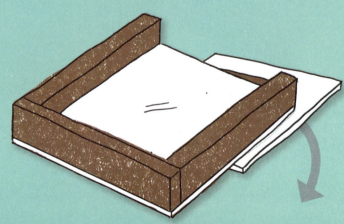

2. 接下来你需要几块约数厘米厚的木条。将一块透明板子放在工作台上，然后沿板子的三条边裁剪木条，使其长度与板子相当。用防水胶水把木条粘在板子上。

5. 在你认为适合的位置挖掘土壤，寻找蚯蚓，将找到的蚯蚓小心地放进一个罐子。不要收集堆肥中的蠕虫（那些不是蚯蚓）。把抓到的蚯蚓放进饲虫箱，看着它们钻进土壤。用一块旧布盖住饲虫箱，遮挡光线。几天后，你应该能够通过透明饲虫箱壁看到蚯蚓在土壤中留下的"隧道"。

3. 将第二块透明板子粘在木条框的另一侧。等待胶水完全干透。

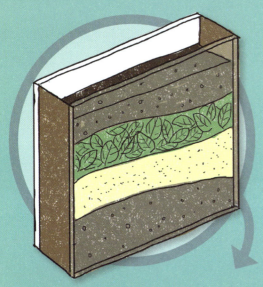

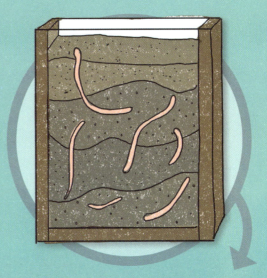

6. 蚯蚓可以缓慢地混合腐殖土、土壤和沙子。如果表面开始变干，及时补充一些水。

4. 收集一些腐殖土、沙子和土壤，将这些材料按顺序分层放入饲虫箱。洒一些水，让各层保持湿润。

7. 你也可以用一个大塑料瓶制作简单的饲虫箱。

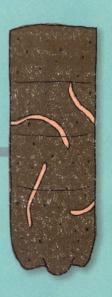

不要吃虫子哦！

追踪蜗牛

饲养蜗牛

蜗牛在野外很常见。这里将介绍在野外寻找蜗牛和养蜗牛的方法，还有可以跟蜗牛做的一些小游戏。

蝙蝠在旅行！

养蜗牛

请一位成年人帮助你完成这个项目。

1. 找一个适合蜗牛生活的容器，例如旧的透明塑料盒。在盖子上钻一些小孔，以方便新鲜空气进入。在容器中为蜗牛准备大量的食物，例如不同植物的叶子或切碎的水果。

2. 从野外或庭院里寻找蜗牛，注意树叶和岩石底下，把找到的蜗牛放入塑料盒。回家后，把塑料盒放在阴凉的地方，避免阳光直射，以防止蜗牛被晒干。

3. 在接下来的几天里，仔细观察蜗牛的情况。你可以在小贴纸上添加编号，然后小心地贴在蜗牛壳上，以帮助辨识。

4. 养殖几天后，将所有蜗牛送回野外。

组织蜗牛赛跑

试着组织蜗牛进行一场赛跑吧!

哪一只跑得最快呢?

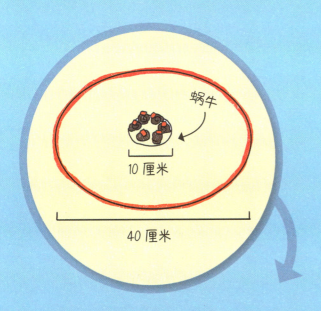

蜗牛

10 厘米

40 厘米

1. 准备一块比赛场地。找一大张硬卡纸,在上面画两个圆,一个直径约 10 厘米,另一个约 40 厘米(可以沿锅盖或碗的边缘画)。

2. 可以用贴纸标记蜗牛编号,以帮助确定获胜者。把所有蜗牛放在中间的圆圈里,然后静静地等待第一个越过外圈的蜗牛——获胜者!

我们一起去旅行吧!

关于蜗牛的事实和数据

- 陆地、湖泊、河流和海洋中都可以见到蜗牛。

- 加纳巨虎蜗身长可以达到 30 厘米。

- 蜗牛壳主要由碳酸钙构成。

- 蜗牛长着成千上万颗微型牙齿。

观察翅膀和网

捕捉飞蛾和收集蜘蛛网

在你沉睡的深夜，很多飞蛾却在外面忙忙碌碌地飞翔。抓捕和研究飞蛾相对简单。清晨更适合寻找蜘蛛网，你可以收集并保存蜘蛛网。

在夜间捕捉飞蛾

请一位成年人帮助你完成这个项目。

1. 在户外找两棵树，悬挂一张旧的白床单，让床单垂下来，如同平滑的墙面。打开一个光源，例如野营灯或明亮的手电筒。等待夜幕降临，用光源照亮床单。

2. 受到亮光的吸引，飞蛾会落在床单上。你可以用放大镜观察飞蛾，也可以给它们拍照。

收集蜘蛛网

1. 首先，寻找蜘蛛网。如果在网上看到了蜘蛛，轻轻地吹气，让蜘蛛逃走。如果蜘蛛留在原地不动，就去找另一张网吧。用手抓一把滑石粉，然后轻轻吹滑石粉，让蜘蛛网沾满粉末。

2. 在一张黑色卡纸表面喷涂发胶，把卡片放在蜘蛛网后面，平稳地慢慢靠近蜘蛛网，直到卡纸贴上蜘蛛网。

关于蜘蛛网的事实

蜘蛛网是令人难以置信的工程学杰作！

• 本项活动中描述的蜘蛛网称为圆蛛网，是圆蛛结的网。

• 蜘蛛丝的抗拉强度可以媲美钢铁。

• 蜘蛛结网用的丝包括黏性和非黏性两种。

3. 扯掉或剪掉卡片边缘多余的蜘蛛网，然后移走卡片。

4. 你可以用艺术家的喷雾定画液永久保存蜘蛛网。

不要被吃掉

躲避危险的动物

　　追踪和观察野外动物的过程非常有趣，但有些动物绝对不能靠近，因为它们可能由于饥饿或自卫而向你发起攻击。有些动物的危险性源自庞大的体型、巨大的力量或尖牙利爪，有些则来自猛烈而致命的毒性。

蛇与蜘蛛

　　如果你探索的地区生活着毒蛇和毒蜘蛛，请小心不要踩到或惊扰它们。在寻找虫子时，一定要用长木棍去翻树叶或石块，而不是用手。检查衣服和鞋子，确定没有蛇和蜘蛛之后再穿到身上。

避免蚊虫叮咬

　　蚊子和其他昆虫的叮咬不仅会让人感觉不适，而且有可能导致危险。在野外探索时，注意避开积水，因为水会吸引蚊子。尽可能遮盖所有裸露的皮肤，穿长裤和长袖，特别是夜间，要使用防蚊网（或用头巾和眼镜遮盖头部）。

蚊子——应该躲开的动物之一！

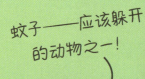

提防黑熊

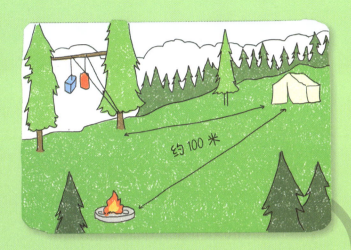

黑熊是北美洲最常见的熊！

1. 熊很喜欢吃东西！因此，如果在熊出没的地区露营，记得把食物放入距离帐篷至少 50 米的防熊盒中，或者挂在柱子或树枝上的密封容器中，千万不要在帐篷内存放食物！做饭时也要远离帐篷，并确保营地范围内没有发臭的垃圾。

2. 走动时使劲踩踏地面，发出足够大的声音，这样能吓跑周围的熊。远离动物尸体，那可能是熊的食物。如果看到远处有一只熊，请立刻停止靠近，要特别注意带着幼崽或正在进食的熊。

3. 如果不慎与熊面对面相遇，最重要的是保持冷静和安静，不要看熊的眼睛，低着头后退离开。千万不要转身跑，或期望爬上树躲避，因为熊比人类更善于奔跑和攀爬！

4. 如果被熊抓住了，你可以尝试装死（但这种做法并不保险），或者反击（用手或脚瞄准熊的眼睛和鼻子发起攻击）。

你知道吗？

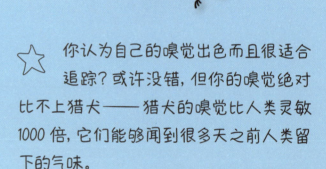

☆ 在世界上的有些地区，你可以看到恐龙在数百万年前留下的惊人的化石遗迹。但是，追踪这些遗迹并不能让你找到恐龙！

☆ 已发现的最大的恐龙脚印直径超过1.5米，是大象脚印的3倍。留下这些脚印的恐龙可能有25米长、40吨重。

☆ 1951年，人们在喜马拉雅山脉地区的雪地上发现了巨大的脚印，但那些不是熊留下的痕迹。许多人认为脚印的主人是一种形似猿猴但从来没有人亲眼见过的生物——"雪人"。

☆ 你认为自己的嗅觉出色而且很适合追踪？或许没错，但你的嗅觉绝对比不上猎犬——猎犬的嗅觉比人类灵敏1000倍，它们能够闻到很多天之前人类留下的气味。

☆ 澳大利亚许多原住民都是熟练的追踪者，有些出色的原住民追踪者甚至可以凭借踪迹判断动物的大小、体重、年龄和性别。

☆ 人们经常使用"蜗行"来表示行动缓慢。不过，蜗牛的移动速度到底有多慢？答案是每小时约50米。

这些蜗牛正在以蜗牛的速度爬行。

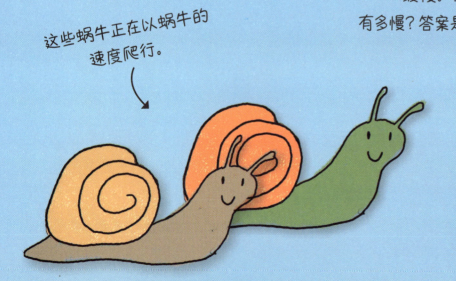

快点儿！你们两个实在太慢了！

☆ 如果你抓到了一只蜈蚣，试着数数它有多少条腿。并不是所有蜈蚣的腿数都相同，它们的腿数少的有几十条，多的达数百条。

☆ 世界上最大的蝙蝠是澳大利亚狐蝠——它们的翼展长度超过了1米。

☆ 一只青蛙通常可以在池塘里产下约20000枚卵。这些卵大多都可以发育成蝌蚪，但1000只蝌蚪中可能只有一只能够发育成青蛙。

☆ 1立方米的健康土壤中生活着大约250条蚯蚓。

☆ 有些人认为熊无法快速下坡，其实它们可以，而且速度能够达到每小时约60千米，相当于人类奔跑速度的两倍！

☆ 世界上最大的飞蛾是生活在东南亚的色彩斑斓的皇蛾：翼展可长达30厘米，而其幼虫的身长可以达到10厘米以上。

☆ 生活在马达加斯加的达尔文树皮蛛能够编织出宽达25米的网！

这么多宝宝！

现在，你已经能够成功循着踪迹追踪到小动物，
还能秘密观察它们了，
你的侦察能力真是不一般呢！
接下来，为了应对野外危急情况，
让我们一起学习野外生存技能，
提高保护自己的本领吧！

野外求生

如果突然发现自己身处广阔的旷野，
手边没有任何通信工具，你会怎么样？
不必惊慌！翻阅本篇精选的生存技能，
你将学会搭建庇护所、生火、寻找水源和必要时
发出求救信号等，并收获更多野外旅行的乐趣。

生存装备

准备野外求生包

野外是一个未知的世界，你永远不知道大自然为你出了什么样的难题！因此，在背包里准备一个求生包是明智的选择。而且，你可以利用这些工具完成本书介绍的一些项目。

收拾求生包

你需要准备以下这些零碎物品。

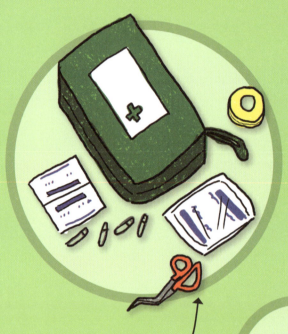

一个简单的急救包，其中放置几个创可贴、一卷绷带和一些安全别针

一个小金属罐或塑料盒，用来装急救包

一面小镜子

一只哨子

一捆数米长的伞绳

一把折叠式小刀或多功能刀具，但使用前需获得成年人的许可

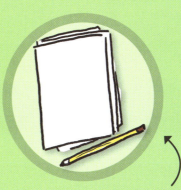

一支铅笔和一个便签本

用于生火的火镰和打火石

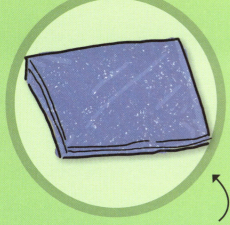

一条应急保温毯，可以在遇到紧急状况等待救援时帮助你保持体温

一盒防水火柴

一些应急食品，例如巧克力棒等

一个指南针

一只手电筒

数米长的一盘渔线和一把小鱼钩

战胜恐惧

如果在危急情况下，你仍能保持冷静，你就可以增加自己生存的机会！因此，请尽量：

- 保持冷静和镇定；

- 保持理智，谋定而后动，例如，永远不要头脑发热，冒着湍急的水流渡河；

- 做好最坏的打算，但保留希望，期待最好的结果；

- 永远不要放弃！

注意遮风挡雨

蜘蛛帐篷

简单实用的庇护所

在野外，天气可能成为可怕的敌人。交加的风雨会打湿你的衣服，带走你的体温，而炽烈的阳光则会让你口干舌燥，甚至脱水。幸运的是，搭建一座可以遮风挡雨（当然还可以阻挡部分野兽）的庇护所并没有那么难。

啊呜！熊出没！

披棚庇护所

这是最简单的一种庇护所……

1. 找一棵树，这棵树在距离地面约1米的地方得长有横枝。

2. 另找一根约2.5米长的树枝，将树枝一端搭在树干和树枝的权间，作为庇护所的顶梁。

在哪儿搭建庇护所？

你几乎可以在任何地方搭建庇护所，但应注意避开山顶等高地，以避免庇护所被强风吹倒，或者过于靠近溪流或山坳被洪水淹没。

3. 继续搜寻大量的树枝，并按照一定的角度搭在顶梁的两侧。

4. 用落叶或更多带树叶的小树枝遮盖侧壁的缝隙。

5. 收集更多干树叶铺在地上，让庇护所变得更舒适。

6. 现在，你可以钻进去体验一番啦！

A 形庇护所

找不到支撑庇护所的树？你或许可以用这种简易的 A 形框架代替树，或者搭建两个 A 形框架来支起类似帐篷的庇护所。

1. 准备一根伞绳和一根 1.5 米长的木棍，用酒瓶结将伞绳一端绑在距离木棍末端约 25 厘米的位置处。

2. 再找一根约 1.5 米长的木棍，放在第一根木棍旁边。

3. 用伞绳缠绕两根木棍约 10 圈，但不要太紧。

4. 继续用伞绳紧紧缠绕两根木棍之间的绳圈两三圈。

5. 用酒瓶结将伞绳末端系在其中一根木棍上。

6. 完工！展开两根木棍未捆绑的那端，形成 A 字形木架。

你不能把我当木棍用！

圆顶冰屋

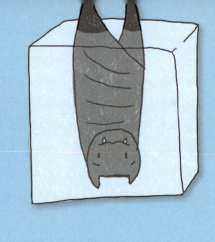

建造冰雪庇护所

即使在冰雪覆盖的野外，或者遭遇暴风雪，那也不必心焦，因为雪本身也是不错的建筑材料。你可以用雪垒一堵简单的防风墙，甚至建一所冰屋。不过，这项工作可能没那么轻松，需要辛苦劳作数个小时。但是，完工后你将发现努力是值得的。冰屋是北极地区的当地居民——因纽特人——建造的传统的临时住所。

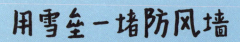

用雪垒一堵防风墙

1. 把松散的积雪装入塑料盒，然后用脚把雪踩实，倒出后就得到了雪砖。

2. 像砌墙一样，把这些雪砖头尾相接，在地面摆成弧形，弧形外侧朝向风吹来的方向。

3. 继续摆放第二层、第三层……在雪墙与你蹲坐的高度相当之后，用积雪填塞雪砖之间的缝隙。

建造冰屋

1. 在雪地上画一个直径约为1米的圆。

2. 制作雪砖（请参见上一页中的步骤1），沿圆圈建造雪墙，在背风方向留下作为门的缺口。也可以依托之前垒的防风墙。

3. 往上垒更多的雪砖，加高雪墙，但注意让每一层雪砖都向内稍微错一些，以形成向内倾斜的效果。

4. 垒到四五层之后，需要慢慢往里收口，这时你可能需要一位助手来帮忙撑住雪墙。

5. 添加顶砖，完成冰屋的框架建造，然后用雪来填塞所有的缝隙。

6. 你还可以在入口位置添加一段隧道，这样能够进一步改善冰屋的保暖效果。

救命，我们被困在冰块里了！

热烘烘，好暖和

野外生火

在野外，火象征着希望，而且很多时候真的可以挽救性命。篝火可以帮助保暖驱寒，烹煮食物，照亮黑暗，甚至驱赶野生动物。想要燃起篝火，你需要燃料、热量和空气。

用火安全

无论在花园还是在野外，生火之前都必须获得成年人的许可。请勿在天气非常干燥的时候引火，同时要注意火势（火堆不能太大），以免失控。

别把你的尾巴点着了！

生火

1. 选择一个远离树木的地方，清理地面，把草皮挪到一边，以便之后重新恢复草坪。

2. 收集火绒（易燃物）、引火柴和燃料。

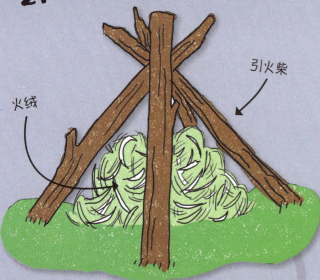

火绒

引火柴

4. 用火柴点燃火绒。火绒开始燃烧之后，添加更多易燃物，然后加入引火柴。

5. 照看好火堆，注意持续添加燃料。

3. 在地面铺一层干树枝，然后把火绒堆在上面，最外侧用引火柴搭成架子。

6. 在离开之前，一定要确保火已经熄灭，灰烬已经没有余温。清理火堆，恢复移开的草皮。

制作羽毛棒

如果找不到任何易于点燃的火绒，你可以自制一根羽毛棒。

1. 找一根约1厘米粗的干木棍，用小刀在木棍表面"刨花"——削起薄薄的一层木片，但不要削断。这样，木棍看起来如同一根羽毛。

2. 你可以制作数根羽毛棒，以备紧急情况下生火使用。

注意安全

开始之前，请阅读第9页的刀具使用安全提示。

火绒

燃料

想要顺利点燃篝火，你需要：

火绒——非常容易燃烧的蓬松材料，例如干草；

引火柴——树枝或其他碎木片；

燃料——树枝和树干。

与朋友围坐在温暖的篝火边聊天，真是件惬意的事！

野外可找不到
这些!

没有火柴也能生火

火柴不慎掉进了池塘里?不要绝望,
即使没有了火柴你依然可以生火!

1. 打火石其实是一条金属镁带,而火镰是
一根用于摩擦的钢棒(类似磨刀棒)。

2. 用打火石和火镰摩擦产生的火花点燃火绒:
打火石对准火绒,用钢棒贴紧镁条,然后向下
滑动,让两者摩擦产生火花。持续尝试,直到
火绒被火星点燃。

3. 火绒开始冒烟之后,轻轻吹气,让烟
变成火焰。现在,把引火柴放在火绒
上方,让火变得更旺。

4. 在阳光明媚的天气里,放大镜也是不错的生
火工具。汇聚阳光至一点,照射在火绒上,等
待火绒燃烧,然后开始轻轻吹气并点燃引
火柴。

钻木取火

这种生火方法的历史可以追溯到数千年前，但想要成功地钻木取火可不容易。不过，你可以尝试一下！

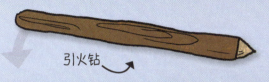

引火钻

1. 用一根约 50 厘米长的直棍制成"引火钻"：一端削尖，另一端切成弧形。

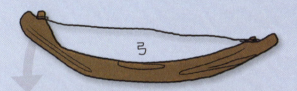

弓

2. 找一根弯曲的树枝，用伞绳或结实的绳索当弦，把树枝两端绷紧，但不要太紧。

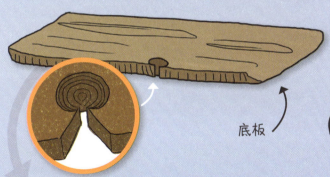

底板

3. 找一块木板，在木板侧面切一个深约 2 厘米的缺口。

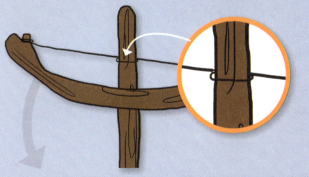

4. 将弓弦绕引火钻缠一圈，将引火钻尖锐的一端插入木板的缺口里。

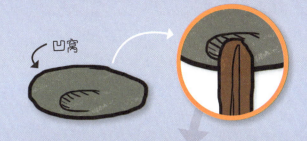

凹窝

5. 用一块有凹窝的石头压住引火钻顶端。

6. 准备好生火了吗？迅速来回推拉弓身。一段时间后，凹槽内会出现黑色的粉末，木板也出现类似烧焦的洞。

7. 逐渐加快拉拽速度，直到引火钻尖端开始冒烟。继续加快速度，黑色粉末堆中将出现亮红色的火星。

8. 将亮红色的火星移至火绒上，轻轻吹气，吹出火苗来。

切削技能

使用刀具

在野外，四周散落的树枝是最常用的材料。不过，你需要一把刀和相应的切削技能才能善加利用这些材料。

折叠式小刀

鞘刀

安全使用折叠式小刀

1. 首先是安全持刀的方式。这种正手握法能让你切削时稳准有力。

2. 要切削木棍时，你要先坐下来，始终让刀和木棍位于膝盖前方，并且往远离身体的方向削。记住用完后要把刀折叠起来。

3. 要切深凹槽或切削较硬的木材时，你可以将木棍放在树桩或倒伏的粗树干上。请记住，基本的安全规则永远适用，那就是尽可能让刀刃远离自己的身体。

制作手杖

好重!

1. 找一根约 2 厘米粗、1.5 米长的树枝。如果只能找到较长的树枝,可以请一位成年人帮你截取一段。

3. 在树枝的另一端进行类似的切割,但这次应制作圆润的钝端。

2. 用刀斜着切削树枝的一端,形成尖端。可以多次切削而成,而非一或两次。

4. 在木棍棍身上切几个缺口作为装饰。要想切出漂亮的凹槽,你可以把木棍放在地上或者倒伏的树干上,以适合的角度切一个浅凹槽,然后将刀刃改变方向,切出对称的凹槽。清理木屑。

对一只鸟来说,手杖没什么大用!

左! 右! 左右左!

口渴了，找水喝

寻找水源

地球上的生物都离不开水。因此，在野外时保证充足的饮水十分必要。但是，如果现在口渴难耐，水瓶却已空空如也，而且举目四望也没有看到任何河流或湖泊，你应该怎么办？

饮水安全

在野外，千万不要喝没有经过消毒的水（可以用特殊药片或煮沸的方式来消毒）。

利用树叶制水

利用植物的蒸腾作用,收集叶子释放的水蒸气。

注意，消毒之前要首先清理水中的虫子！

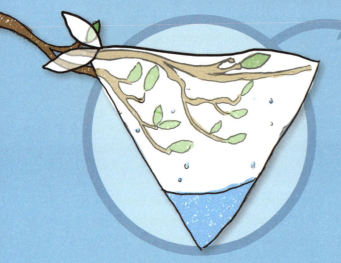

1. 小心地把透明塑料袋套在树木或灌木的树枝末端，用绳子松散地系住袋口。

2. 等待数小时后检查塑料袋，袋子底角应该能够看到聚集的水。

收集草叶上的露水

收集清晨草叶上的露水：将干净的毛巾绑在小腿上，在草丛中四处走动，然后拧出毛巾里的水。

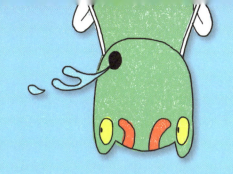

来自太阳的水

当然，水并非真的来自太阳，而是利用阳光照射收集水！

1. 找一处阳光直射的地方，在地面挖一个约 30 厘米深的浅坑，在坑底中心放一个杯子或其他容器。

2. 在浅坑中放一些新鲜树叶。用一块塑料布盖住浅坑，用石块压住塑料布边缘加以固定，并在塑料布中央放一块小石子，让其中央稍微向下凹陷。

3. 等待数小时！然后检查容器，收集水。

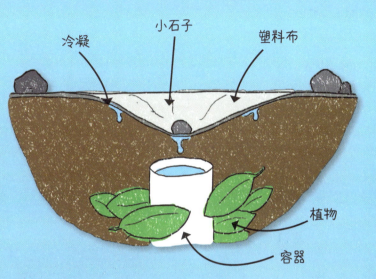

冷凝　小石子　塑料布

植物

容器

青蛙"产"水

在极度紧急情况下，你可以直接喝下青蛙体内的水。但是，只有在极度紧急的情况下才能这么做，而且要在专业人士的指导下操作！

1. 首先，你必须寻找合适的青蛙物种，例如生活在西澳大利亚的保水蛙！寻找保水蛙通常需要掘地三尺。

2. 轻轻挤压保水蛙，然后准备好用容器或直接用嘴接水喝！

收集雨水

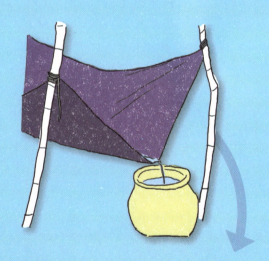

将塑料布的四角绑在树枝上，形成一侧高一侧低的坡面。塑料布可以把降雨汇集成水流，流入准备好的容器里。

寻找食物

狩猎和捕鱼

现在，你已经成功搭建了庇护所，而且生起了火堆，解决了饮水问题。接下来，你需要寻找食物填饱肚子！不过，除非真正面临生存危机，否则请勿捕食任何动物。

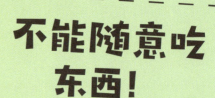

不能吃我们！我们有毒！

不能随意吃东西！

在影视作品中，你也许看到过求生专家吃生鱼、蠕动的虫子和看起来很恶心的昆虫的场景。但是，你千万不要轻易尝试！尤其不要吃任何颜色鲜艳的动物，例如下面这种青蛙，因为它们可能有毒！

用塑料瓶做捕鱼陷阱

1. 把一个大塑料瓶的瓶口剪掉。

2. 把切掉的瓶口倒插入瓶中。

3. 向瓶内放入诱饵，例如食物残渣、蚯蚓等。

4. 将"陷阱"放入水中，等待数小时后查看结果。抓到鱼了吗？

制作弹弓

弹弓是一种小巧的捕猎工具，可以为野外生存贡献力量。但切记不得用弹弓攻击任何动物或人。

1. 找一根 Y 形树枝，如上图所示。树枝的直径应该至少有 1 厘米。

2. 用刀或锯子裁剪树枝，将 Y 形枝杈的长度保留在 20 厘米左右。

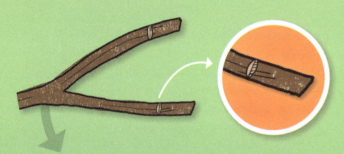

3. 在两个枝杈离末端约 2 厘米的位置分别切一个浅凹槽。

4. 准备一根约 12 厘米长的尼龙织带或皮革条。在距离带子两端约 2 厘米处各打一个孔。

5. 找一根约 60 厘米长的粗橡皮筋（管），穿过带子上的孔，如上图所示。

6. 将橡皮筋的两端分别绑在 Y 形枝杈的凹槽位置。

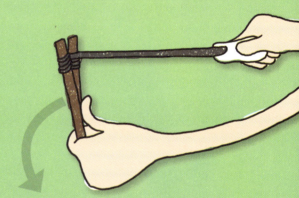

7. 把一块小石子放在带子的中心，从带子外侧捏紧石子，向后拉拽，瞄准……发射！

这可能与它的预期有点儿偏差！

自制钓鱼竿

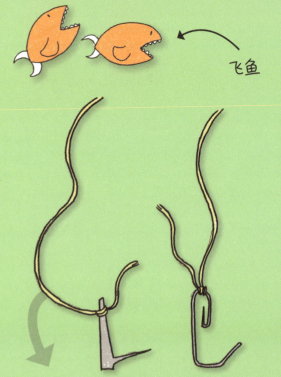

飞鱼

1. 找一根至少 2 米长的柔韧木棍,刚砍下来的细竹竿是完美的选择。在棍子较细的一端切一个小凹槽。

2. 在凹槽位置绑一根长约 2 米的细绳。

5. 即使手边没有鱼钩或渔线,也不要绝望!你可以用回形针甚至一些带刺植物来制作鱼钩。

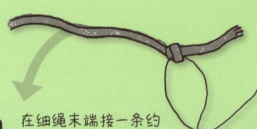

3. 在细绳末端接一条约 2 米长的渔线。接的时候,可以将渔线一端对折,打一个结,形成一个环,然后将细绳系在渔线环上。

6. 你也可以尝试其他任意细绳,例如棉线、毛线甚至鞋带。

4. 按照下面的打结方法,将鱼钩系在渔线上。

7. 食物残渣或看起来类似小鱼的物品都可以作为诱饵。

8. 把鱼钩和诱饵丢入水里,然后耐心地等待。如果看到渔线晃动,用力拉起鱼竿,看看是不是钓到鱼了。

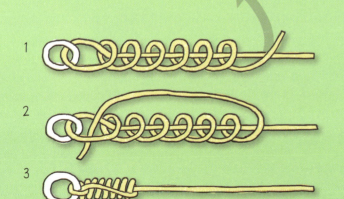

1

2

3

如果钓到了鱼……

不要慌！把手打湿，紧紧抓住鱼，但不要过分用力。小心取下鱼嘴里的鱼钩，然后把鱼放回水中。仅保留生存所需的鱼，其他应全部放生。

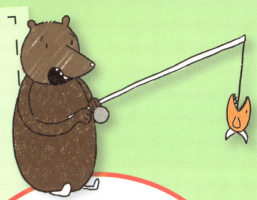

唾液抓鱼法

1. 站在浅水区，向身前的水中吐一口唾沫。

2. 手持T恤衫等待，随时准备兜起被唾液吸引过来的鱼。就这么简单！

钓鱼安全

不要在没有成年人陪同的情况下独自钓鱼，也不要在容易落水的深水、冷水或水流湍急的位置钓鱼。钓鱼时还要当心锋利的鱼钩，应使用无倒刺的鱼钩，因为这样的鱼钩更容易从鱼嘴里取下，也不容易扎到手。请首先了解当地关于钓鱼的法律法规，很多国家和地区要求钓鱼者必须持有许可证哦。

徒手捕鱼

1. 一动不动地弯腰站在30厘米左右深的浅水里，双手探入水中，安静地等待。

2. 等鱼游过来之后，双手非常非常缓慢地接近它，然后迅速抓住！

采摘植物

寻觅食物

在野外，可供充饥的食物有植物、鱼和其他动物。与捕捉动物相比，采摘植物可就简单多了。在周围搜索，寻找可以作为食物的美味浆果、坚果和植物的叶子吧！

食物安全

除非得到成年人的许可，否则不得吃植物的任何部分。大多数植物都可以安全食用，但也有不少植物有毒，随意吞食可能引发严重的不适。尤其是有些蘑菇的毒性十分强，因此在采集和食用蘑菇时，应在专业人士的指导下才能进行。

采集浆果和坚果

坚果和浆果是补充能量的好选择。

1. 黑莓、蓝莓和蔓越莓都可以食用，生吃或煮熟后食用味道都不错。

蓝莓

黑莓

蔓越莓

2. 寻找榛子和栗子等坚果。

榛子

橡果

栗子

嗞嗞嗞嗞，味道好极了！

110

采集叶子

植物的叶子似乎称不上美味，但其实很多叶子可以作为草药或者蔬菜食用。野外可以找到很多野菜。

蒲公英

1. 寻找蒲公英、酸模叶和刺荨麻等。河边可以找到水芹等。

酸模叶

荨麻叶

2. 荨麻叶还可以用来制作美味的茶。戴上手套，采摘幼株的嫩叶，用清水洗净叶子。

3. 将叶子放入沸水锅中煮数分钟，直到水看起来有些发绿。等水温稍稍降低后再饮用。别担心，煮过的荨麻不会再扎人了！

真不应该把黑莓都吃光！

不要吃我！我不是黑莓！

烹饪食物

用篝火做饭

如果在野外找到了食物，你可以生火来烹饪食物。要锻炼用火烹饪食物的技能，你可以先在家里进行练习。

搭锅架

以下介绍的是将水壶悬吊在火焰上方以加热和净化水的方法。

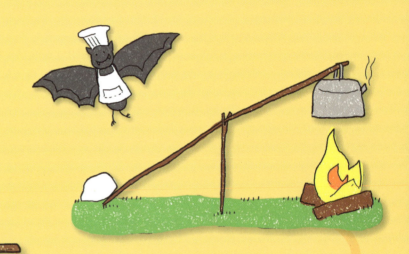

1. 找一根末端分权的树枝，枝权不需要太长，可适当进行修剪。整根棍子截成约 50 厘米长即可，然后把不带权的一端削尖。

2. 将木棍尖端插入靠近火堆的地面，但不要过于靠近，以免木棍被点燃。

3. 找一根约 1.5 米长的木棍，修剪掉枝权，然后在离木棍稍细那端约 2 厘米的位置切一个深凹槽。

4. 把长树枝搭在叉形支架上，一端插入地面，另一端位于火焰上方足够高的位置，以避免木棍被点燃。用大石块压住木棍插入地面的一端。

现在你可以制作荨麻茶了!

5. 把水壶挂在凹槽处。当心火焰，不要烧到自己!

用锡纸烹饪食物

将土豆等蔬菜用锡纸包裹后,可以直接放入火堆中加热。

1. 用锡纸包住土豆块、红薯块或萝卜块等,然后放入火堆中央。注意让手远离火焰。

2. 蔬菜的烹饪时间一般在半小时左右。时间到了之后,用一根木棍把锡纸包从火堆中扒拉出来,然后让成年人帮你打开。

烧烤食物

很多食物都可以串在烤肉扦上用火烤制,包括棉花糖、香肠和蔬菜。

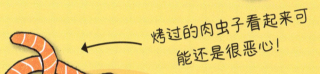

烤过的肉虫子看起来可能还是很恶心!

1. 按照前面提到的方法搭一个锅架。

2. 寻找细木棍,刮掉树皮,制成串肉扦。

3. 用绳子将串肉扦和一根木棍捆绑固定。把食物串到串肉扦上,将长木棍搭在支架上,现在可以开始烧烤食物了。

我真是一个野外生存界的美食家啊!

113

SOS

在准备好之后，再点燃火堆！

紧急求救

出发去野外之前，你需要学习求救的方法，以防不幸被困。记住，由于可能无法收到信号，身处野外时你可能无法通过手机求救。或者，你的手机可能因为落水而出现故障！除非遇到真正紧急的情况，否则不要求救。

烟火信号

明亮的火焰在夜晚十分醒目，是吸引救援人员的明显信号，而烟雾可以在白天发挥类似的作用。最好在山顶等高处的空地点燃火堆，发出求救信号。

1. 首先，收集引火材料，搭好火堆，以便随时点燃。

2. 留意火势。如果在白天，你可以用带有绿叶的树枝遮盖火堆，以制造烟雾。

3. 谨记在获救后彻底熄灭火堆。

日光反射器

你可以借助一面镜子（放入求生包的工具之一），然后利用阳光来发射信号，即所谓的日光反射信号器。

1. 先练习使用日光反射器。手持日光反射器（镜子，也可以用金属罐或眼镜替代），反射阳光到地面的阴影位置。练习向左或向右、向上或向下倾斜镜子来移动光斑的技巧。

2. 遇到紧急情况，向空中经过的飞机发信号：3次短闪，3次长闪，再3次短闪。

在地面摆放高空可辨识的标志

以下国际通用标识具有统一的含义！

I = 严重受伤

F = 需要食物和水

A = 是

N = 否

X = 无法移动

→ = 朝这个方向移动

LL = 一切正常

地面标识

用粗树枝在地面摆出特定形状，以便向空中救援队传递信息。

1. 找一片从空中便于发现的空地。

2. 清理树叶或踏平积雪，用树枝摆出一个尽可能大的标识。

严重受伤

需要食物和水

是

否

无法移动

朝这个方向移动

一切正常

你知道吗?

☆ 人类至少在一百万年前就掌握了生火的技能。在南非的一个山洞中，人们发现了形成于百万年前的用火痕迹。

☆ 冰甚至也可以用来生火！找一块纯净透明的冰，打磨成凸透镜的形状，然后用它来汇聚阳光，引燃火绒。

☆ 你还可以用空的饮料罐生火——用碗碟形状的底座来聚焦阳光，引燃火绒。

☆ 你知道燃烧三要素吗？燃烧需要 3 种元素：燃料、氧气（来自空气）和热量。

☆ 大约 1.5 万年前，欧洲以狩猎和采集为生的古人类用巨大的猛犸骨骼建造了圆顶庇护所。

☆ 迄今为止有记录的最大冰屋是由加拿大一家体育用品公司于 2011 年建造的：冰屋直径达 9.3 米，共使用了 2500 块雪砖。

☆ 2003 年，阿伦·罗斯顿在美国犹他州探索一个峡谷时，一块巨石落下，压住了他的胳膊。数天后，他意识到想要生存就必须用户外刀砍掉自己的胳膊，最终成功活了下来。《127 小时》就是根据他的真实经历拍摄的电影。

☆ 英国登山家乔·辛普森在攀登安第斯山脉时不慎跌倒，摔断了腿，后来又掉进了一处裂缝。虽然疼痛难忍，而且没有食物和水，但他还是花了 4 天时间，爬回了安全地带。

☆ 1704 年，苏格兰人亚历山大·塞尔柯克被单独留在了太平洋的一座小岛上。他在岛上独自生存了 4 年半之后获救。《鲁滨孙漂流记》就是根据他的故事编写的一部小说。

☆ 要保持健康，一个人需要每天喝约 2 升水，相当于大约 8 杯。天气炎热的时候，或剧烈运动之后，记得多补充一些水。

☆ 在严重缺水的环境中，人们可以喝自己的尿来维持生命。但这是最后的手段，千万不要轻易尝试！

☆ 1888 年，充气轮胎面世之后，弹弓曾一度成为风行全球的玩具。孩子们用废弃的内胎作为弹弓的橡皮筋。

☆ 原产于印度的相思子是现存毒性最强的植物之一。这种植物的红黑相间的种子含有致命的化学物质。

☆ 1894 年，美国在两座相距 295 千米的山顶派驻了军队，而士兵利用镜子反射阳光的方式实现了便捷通信。

哦，不！又来了！

恭喜你，已经是一名合格的小小野外探险家了！
你会自己在野外收集食物、寻找水源、搭建庇护所，
能够对各种事物展开探索，甚至追踪小动物，
在危急情况下，你还能保护好自己！
你完成了自我挑战，得到了巨大的成长！

版权贸易合同登记号　图字：01-2022-6172

图书在版编目（CIP）数据

可以玩一年的户外游戏大书 /（英）克里斯·奥克雷德著；（英）伊娃·萨辛绘；陈彦坤，马巍译. --北京：电子工业出版社，2023.10
ISBN 978-7-121-46279-5

Ⅰ. ①可… Ⅱ. ①克… ②伊… ③陈… ④马… Ⅲ. ①智力游戏—少儿读物 Ⅳ. ①G898.2

中国国家版本馆CIP数据核字（2023）第170599号

责任编辑：刘香玉
印　　刷：北京缤索印刷有限公司
装　　订：北京缤索印刷有限公司
出版发行：电子工业出版社
　　　　　北京市海淀区万寿路173信箱　邮编：100036
开　　本：889×1194　1/16　印张：7.5　字数：208.25千字
版　　次：2023年10月第1版
印　　次：2023年10月第1次印刷
定　　价：99.00元

凡所购买电子工业出版社图书有缺损问题，请向购买书店调换。若书店售缺，请与本社发行部联系，联系及邮购电话：（010）88254888，88258888。

质量投诉请发邮件至zlts@phei.com.cn，盗版侵权举报请发邮件至dbqq@phei.com.cn。

本书咨询联系方式：（010）88254161转1826，lxy@phei.com.cn。